PARASITES :
LES TRAITEMENTS BIO

PARASITES :
LES TRAITEMENTS BIO

Victor Renaud

rustica éditions

Dépôt légal : septembre 2004
ISBN : 978-2-84038-975-0
N° d'éditeur : 48442N1

www.rustica.fr
www.fleuruseditions.com

SOMMAIRE

AVANT-PROPOS

Il faut tout mettre en œuvre pour éviter aux végétaux d'être envahis par les parasites, d'autant plus que le parasitisme est souvent aussi une porte ouverte au développement de maladies. Agir préventivement est aussi efficace que traiter une fois les dommages constatés. D'ailleurs, entre prévention et lutte, il y a parfois interchangeabilité des actions.

Tout commence par la qualité du sol. Dans un terrain équilibré et bien nourri, les parasites seront rares et vous obtiendrez des produits sains de grandes valeurs nutritive et gustative. Les conditions de culture également sont primordiales : les amendements, la fertilisation, la rotation des cultures, le voisinage des plantes, les indispensables auxiliaires ailés qui se nourrissent des parasites, les haies qui abritent ces prédateurs...

Si toutefois, pour des raisons diverses, de climat, d'erreur d'équilibrage des engrais, par exemple, les plantes se sont fragilisées, alors le parasitisme peut s'installer. Proliférant très rapidement, on ne peut plus, comme dans la phase préventive, compter seulement sur la nature pour le combattre. Il faut donc intervenir.

L'approche de ce livre se fait non par les plantes mais par les parasites eux-mêmes. Un parasite est souvent associé à une plante en particulier – par exemple, le psylle de la carotte, la teigne du poireau – mais, généralement, d'autres plantes de la même famille sont également sujettes au même parasite et, pour chacun d'eux, il existe de nombreuses espèces qui contaminent différents végétaux.

L'optique de ce livre est de proposer des solutions de traitements à base de produits naturels, non toxiques et biodégradables, qui préservent non seulement la santé des hommes et des animaux, la salubrité de l'eau, mais aussi la vie des prédateurs utiles.

Ne vous découragez cependant pas, vos cultures ne seront pas forcément victimes de tous ces parasites, mais un jardinier averti en vaut deux. Alors jardinez sainement et soyez vigilant !

Victor Renaud

LA PRÉVENTION CONTRE LES PARASITES

Une bonne terre, riche et fertile, produit des cultures saines et d'une vitalité suffisante pour lutter contre leurs agresseurs. Des opérations essentielles à l'équilibre et à la santé du sol doivent être régulièrement effectuées. De judicieuses associations de plantes, l'utilisation d'espèces aromatiques, et enfin, la précieuse aide de prédateurs qui détruisent les parasites contribueront également au maintien de ce précieux équilibre naturel.

LE SOL

Pour permettre aux plantes de se développer et d'augmenter leur résistance naturelle au parasitisme, il est important de nourrir correctement le sol de votre jardin, c'est-à-dire de l'amender et de le fertiliser régulièrement.

Le sol n'est pas un simple support accueillant les végétaux mais une véritable usine vivante peuplée de milliards de micro-organismes qui agissent jour et nuit pour rendre assimilables par les végétaux les différents apports extérieurs (amendements, engrais, fertilisants). Ces micro-organismes sont de différentes natures (bactéries, champignons, algues...) et sont tous indispensables à notre santé. Tout dérèglement peut affaiblir le sol et entraîner une invasion de parasites.

Amender : rendre un sol plus propice aux cultures en modifiant sa nature physique par l'apport de substances organiques ou minérales.

L'amendement

Pour bien **amender** son sol, il est nécessaire de lui apporter un compost riche et équilibré, que vous pourrez obtenir à partir de fumier. La fabrication de compost se fait en deux temps.

- L'**ensilage** : cette opération consiste à stocker du fumier brut comportant 33 fois plus de paille que de déjections pendant plusieurs semaines, après l'avoir bien arrosé et tassé.
- La fermentation chaude (voir encadré page ci-contre) : laissez reposer quelques jours sur des branchages le tas de compost recouvert de paille. La fermentation chaude se déclenche alors spontanément par l'action des micro-organismes. Elle atteint généralement 50 °C et dure environ 3 semaines. Procédez ensuite à l'épandage du compost tiède qui, à ce stade, sent l'humus de la forêt, à raison de 200 à 250 kg à l'are, soit 4 à 5 brouettes.

Ensilage : méthode de conservation en silos ou tas, recouverts de paille ou de terre.

Il existe d'autres sortes d'amendements, selon les besoins de votre terre : terreaux, terre de bruyère, tourbe.

Fabriquer du compost

❶ À côté du **tas** de compost préalablement stocké, formez une cheminée horizontale avec des branchages posés sur des parpaings.
❷ Déplacez le tas de compost en le secouant pour l'aérer et placez-le sur les branches. Recouvrez-le de quelques centimètres de paille.

Je conseille

« Donnez à votre ***tas*** *la forme d'une sorte de pyramide à base rectangulaire de 2,2 m de large, de 1,6 m de haut et de 5 à 6 m de long. Comptez 3 m pour la cheminée qui doit être complètement recouverte par le compost. »*

Les engrais naturels

La **fertilisation** du sol s'effectue à l'aide d'engrais naturels insolubles qui sont progressivement assimilés au fur et à mesure de leur décomposition. Procédez à cette opération tous les ans, principalement les premières années de culture.

Utilisez des fertilisants riches en minéraux, essentiellement en magnésium (Mg), élément indispensable au renforcement du système immunitaire des organismes vivants (plantes, animaux, hommes). On trouve cet élément surtout dans les poudres de roches (zéolites), les poudres de roches magnésiennes (patentkali) et volcaniques (basalte), ainsi que dans une algue marine, le lithothamne, qui est, du reste, plutôt utilisé en fertilisation foliaire ou en amendement pour les terres acides.

D'autres engrais couramment utilisés sont les suivants : la corne torréfiée, le guano, les farines de plumes, le sang desséché qui sont des engrais azotés organiques ; les phosphates naturels tendres.

Fertilisation : apports d'éléments nutritifs organiques ou minéraux qui ont pour but de modifier la structure chimique de la terre.

mémo

Les engrais naturels se présentent sous forme de poudre plus ou moins fine (la corne torréfiée est grossièrement broyée), que l'on épand en surface et que l'on incorpore très légèrement à la terre à l'aide d'un croc ou d'une fourche. Pour le dosage des produits, il faut suivre les indications préconisées par le fabricant.

La fertilisation foliaire

Contrairement à la fertilisation du sol, la fertilisation foliaire s'effectue en aspergeant directement les feuilles des végétaux dont les tissus absorbent les produits fertilisants.

mémo
La **fertilisation foliaire** est à éviter en période de grand vent, de plein soleil ou de sécheresse.

Les produits de **fertilisation foliaire** les plus couramment utilisés se présentent en poudre et se pulvérisent à l'aide d'une poudreuse. Ce sont le lithothamne – poudre d'algues marines finement broyées, très riche en calcium et magnésium (macro-éléments) et en oligo-éléments – et les poudres de roches volcaniques, également riches en minéraux.

Il existe aussi des solutions liquides (solutions d'extraits d'algues marines, purin d'ortie).

Effectuez cette opération tôt le matin ou tard le soir, à la rosée, à raison de 150 à 500 g à l'are (selon la végétation), en cherchant à vaporiser principalement le dessous des feuilles. Renouvelez l'apport environ 3 fois sur la même culture à 15 jours d'intervalle.

mémo
La tomate est l'exception qui confirme la règle. À condition d'être parfaitement saine, elle peut être cultivée très longtemps au même endroit.

La rotation des cultures

La rotation est un mode de culture qui consiste à faire changer de place les cultures d'une même espèce ou d'une même famille, selon un **ordre** préétabli.

Le jardin est alors divisé en parcelles, encore appelées soles ou planches, et chaque parcelle reçoit une plante différente chaque année. Certaines plantes « tournent » cependant plus lentement, comme les artichauts, les asperges, les fraisiers...

Prévoyez 4 à 6 parcelles pour qu'une même plante ne revienne à l'endroit initial qu'au bout de 4 à 6 années.

Les plantes n'ont pas toutes des exigences identiques et ce système de rotation permet d'éviter l'épuisement de la terre. Certaines cultures améliorent même la qualité du sol en l'aérant avec leurs racines, à des profondeurs différentes, par exemple, ou en allant chercher les éléments nutritifs à différents niveaux du sous-sol.

Cette alternance permet ainsi de limiter le développement de maladies et la prolifération de parasites et d'éviter les traitements chimiques de synthèse.

La rotation n'est pas seulement bénéfique pour les plantes potagères, elle l'est aussi pour les fleurs. Mais il ne suffit pas de changer de fleurs, il faut aussi veiller à changer de famille, et les familles sont nombreuses et vastes !

Je conseille
*« Dans une rotation, l'**ordre** de passage des plantations sur une parcelle a beaucoup d'importance ; commencez toujours par des plantes dites « améliorantes », qui enrichiront votre sol. Pour mieux vous y retrouver et pouvoir appliquer les rotations sans vous tromper, établissez chaque année un plan très rigoureux de votre jardin. »*

Modèle de rotation

1re année
plantes «améliorantes» et **engrais verts** de la famille des Fabacées : fève, haricots, lentilles, pois... ainsi que féverole, vesce, pois fourrager, trèfle...

2e année
plantes exigeantes et à tubercules : capucine tubéreuse, crosne, pomme de terre, topinambour... ainsi que betterave, choux, poireau...

3e année
plantes à bulbes : ail, coriandre, échalote, fenouil bulbeux, maïs sucré, oignon...

4e année
plantes à racines : carotte, panais, salsifis, scorsonère...

5e année
plantes à fruits : aubergine, concombre, courge, melon, piment, tomate...

6e année
légumes-feuilles : arroche, chicorée, cresson, ficoïde glaciale, laitue, persil...

Exemples de familles de fleurs :

- crocus, glaïeuls, iris sont issus de la même famille, les Iridacées ;
- chrysanthèmes, dahlias, marguerites, soucis sont des Composées ;
- coquelicots et pavots sont des Papavéracées ;
- gypsophile et œillets (de toutes sortes, sauf les œillets d'Inde) sont des Caryophyllacées ;
- glycine, lupins et pois de senteur font partie des Fabacées.

Engrais vert : culture de plantes – des Légumineuses (ou Fabacées) essentiellement – destinée à améliorer la qualité du sol.

LES ASSOCIATIONS EFFICACES

La nature fait bien les choses. Les plantes potagères, aromatiques ou florales ont aussi pour rôle de chasser certains parasites par leur parfum, ou l'association de leurs odeurs.

Exemples d'associations réussies

- L'absinthe maintient à distance la piéride du chou ;
- l'aneth fait fuir les pucerons noirs des fèves et des tomates ;
- le basilic cultivé entre les pieds de tomates repousse les mouches blanches ou aleurodes ;
- les capucines sont bénéfiques en culture de serre car elles ont le pouvoir de maintenir au large les aleurodes ;
- une culture de chanvre entourant celle des choux chasse les piérides ; parmi les aubergines, pommes de terre et tomates, il chasse les doryphores ;
- la lavande repousse les pucerons des rosiers ;
- les menthes diverses tiennent à l'écart les fourmis et les pucerons ;
- l'œillet d'Inde cultivé entre les pieds de tomates repousse les mouches blanches ou aleurodes ; près des rosiers, il disperse certains de ces ennemis ;
- le persil cultivé entre les pieds de tomates refoule quelques insectes par sa forte odeur ;
- le ricin cultivé entre les pieds de pommes de terre attire les doryphores et les élimine en les empoisonnant ;
- la rue officinale est répulsive pour les serpents et les pucerons ;
- la sauge officinale maintient à distance la piéride du chou ;
- le souci cultivé près des rosiers et des tomates refoule certains insectes parasites ;

mémo

Il semblerait qu'il y ait une sorte de solidarité entre les plantes. Un exemple typique d'association bénéfique bien connue des jardiniers est celle de la carotte et du poireau. L'odeur du poireau repousse la mouche, ennemie de la carotte ; celle de la carotte repousse la teigne, ennemi du poireau.

- la tanaisie écarte les fourmis, certains papillons et coléoptères nuisibles ;
- le thym n'est pas apprécié par la piéride du chou ;
- la tomate éloigne les altises qui attaquent les Crucifères (choux, navets, radis...) ;
- la tomate et les asperges se rendent une aide mutuelle en contrariant leurs odeurs.

mémo

Bien sûr, pour que ces voisinages fonctionnent, les conditions de base restent un sol bien nourri et équilibré, ainsi que des plantes préalablement saines.

Les fleurs peuvent jouer un rôle préventif contre les nuisibles du jardin. Le souci, par exemple, éloigne certains parasites des pieds de tomates par son odeur.

LES AMIS DU JARDIN

Une autre protection importante des plantes provient de l'action des prédateurs qui se nourrissent spontanément des parasites des cultures.

Ces auxiliaires du jardinier sont des êtres vivants, carnivores pour la plupart, dont le plus grand nombre sont des oiseaux et qui comprennent aussi des insectes, des reptiles, des mammifères et des batraciens.

Le rôle des prédateurs

La nature s'équilibre elle-même, c'est la loi de la chaîne alimentaire. Tout être vivant a son rôle et son utilité. Il faut donc chercher à attirer et retenir ces **prédateurs** en évitant de traiter le sol avec des herbicides et en employant des insecticides uniquement naturels, seulement en cas de nécessité et en suivant bien les consignes d'emploi.

En effet, les prédateurs sont bien plus fragiles que les parasites qui, eux, parviennent souvent à s'adapter aux différents poisons des insecticides chimiques.

Ces parasites de nos plantations, à condition qu'ils ne soient pas trop nombreux et qu'ils ne rendent pas toute culture impossible, contribuent eux-mêmes à l'équilibre biologique et ont leur propre utilité dans la nature.

Certains s'occupent de la pollinisation des fleurs ou des arbres fruitiers, comme les papillons dont les chenilles sont si ravageuses par ailleurs, les abeilles, les bourdons et les guêpes. Tous servent de nourriture aux prédateurs. Enfin, ils accomplissent parfois une fonction indispensable dans le cycle de la vie en éliminant les déchets, les cadavres décomposés.

mémo

Il arrive que certains **prédateurs** créent eux aussi des dommages : les oiseaux mangent les fruits, les baies et les graines… mais ils sont d'excellents insecticides. La taupe fait des dégâts mais elle est insectivore.

Certes les oiseaux mangent les fruits, mais aussi les parasites et leurs larves !

La coccinelle, qui peut manger jusqu'à cinquante pucerons par jour, représente une aide précieuse pour le jardinier.

Parmi les oiseaux, la mésange est l'un des plus efficaces dans la lutte contre les parasites.

Les principaux prédateurs et leur menu

Les oiseaux

■ La chouette : lapereaux, lérots, rongeurs, taupes...

■ L'étourneau ou sansonnet : blaniules mouchetés, chenilles, doryphores, hannetons, mouches, mouche de l'asperge, punaises, pucerons, psylle de la carotte, taupins, tenthrèdes, thrips, tipules potagères...

■ La fauvette des jardins : apion de l'artichaut, chenilles, criocères, fourmis, mouche de l'asperge, papillons, pyrales, pucerons, tipules potagères...

■ Le hibou : coléoptères, courtilières, hannetons, lapereaux, lérots, rongeurs, taupins...

■ Le merle : araignées, charançons, chenilles, courtilières, criocères, doryphores, fourmis, mollusques, mouches, psylle de la carotte, pucerons, silphes plats, thrips, tipules potagères, tordeuse du pois...

■ Les mésanges : altises, blaniules mouchetés, charançons, chrysomèle de l'asperge, fourmis, mouches, psylle de la carotte, pyrales, silphes plats, tenthrèdes, thrips, tipules potagères, tordeuse du pois...

■ Le moineau commun : atomaires linéaires, blaniules mouchetés, cécidomyies, criocères, hannetons, mouches,

Je conseille

« Favorisez autant que possible les haies dans votre jardin. Ce sont les meilleurs abris des prédateurs. On voit bien les oiseaux jaillir précipitamment hors des haies au moindre bruit. »

silphes plats, psylle de la carotte, thrips, tipules potagères, tordeuse du pois...

- La pie bavarde : atomaires linéaires, chenilles, chrysomèle de l'oseille, courtilières, fourmis, hannetons, mollusques, pucerons, pyrales, tipules potagères, tordeuse du pois...
- Le rouge-gorge : atomaires linéaires, blaniules mouchetés, cécidomyies, chenilles, fourmis, mouches, pucerons, psylle de la carotte, pyrales, tipules potagères, tordeuse du pois...
- La sittelle-torchepot : altises, apion de l'artichaut, cécidomyies, charançons, chrysomèle de l'oseille, fourmis, mouches, mouche de l'asperge, sitone du pois, tipules potagères...

Les insectes

- L'apantèle aggloméré : chenilles, piérides...
- Le carabe : chenilles, larves, mollusques...
- Le chrysope et ses larves : acariens, pucerons...
- La coccinelle : aleurodes, cochenilles, pucerons...
- Les larves de la guêpe : chenilles, insectes...
- L'épèvre des jardins : araignées, chenilles...
- L'ichneumon jaune : chenilles, principalement.
- L'orphion jaune : chenilles, principalement.
- Le tachinaire : chenilles et autres larves.

Comme la coccinelle, le chrysope est un grand amateur de pucerons.

mémo

Dans le sol se trouvent également des micro-organismes : les nématodes, qui se nourrissent des parasites microscopiques des plantes, et les protozoaires, qui régularisent le développement de diverses familles de bactéries.

Une rainette verte.

Les batraciens

- Le crapaud commun : araignées, mollusques, insectes divers...
- La reinette verte : insectes et araignées...

Un lézard.

Les reptiles

- La couleuvre à échelons et la couleuvre verte et jaune : campagnols, insectes, mulots...
- Le lézard des murailles : araignées, chenilles, cloportes, coléoptères, mollusques, mouches...
- L'orvet : araignées, chenilles, cloportes, larves, limaces...
- La salamandre tachetée : larves d'insectes, limaces, mollusques...

Un hérisson d'Europe.

Les mammifères

- Les diverses chauves-souris dont le petit et le grand murin, la noctule commune : coléoptères, hannetons, papillons nocturnes, teignes, tipules...
- Le hérisson : chenilles, mollusques, jeunes rongeurs et divers insectes...
- Les musaraignes « carrelée » et « couronnée » : escargots, divers insectes et leurs larves, limaces.
- La taupe d'Europe : courtilières, insectes, larves, limaces, vers gris, vers blancs...

LA DESTRUCTION DES PARASITES

Si, malgré toutes les précautions prises, vos cultures sont attaquées par des parasites, alors il faut les traiter. Pour préserver l'environnement, d'une manière générale, il est préférable d'utiliser des produits naturels. Avec les remèdes à base d'extraits végétaux existants et quelques recettes de préparations maison, il est parfaitement possible d'éviter l'utilisation d'insecticides chimiques de synthèse et de soigner efficacement les plantes.

LES INSECTICIDES VÉGÉTAUX

Depuis l'Antiquité, l'homme n'a cessé de rechercher des végétaux aux propriétés insecticides qui agissent contre les parasites à sang froid et qui sont, par conséquent, sans danger pour les êtres vivants à sang chaud, c'est-à-dire pour une grande partie des prédateurs et pour l'homme.

Il existe deux grands insecticides naturels d'origine végétale, que vous trouverez chez tous les spécialistes de produits de jardinage, la roténone et le pyrèthre, efficaces contre les parasites des plantes florales, légumières, des arbustes et arbres fruitiers.

Leur composition

- La roténone est une substance extraite de racines de diverses plantes tropicales (*Derris* de la famille des Papilionacées et *Lonchocarpus*) et de feuilles et de graines (*Tephrosia*). On trouve la roténone sous forme de poudre ou de liquide.
- Le pyrèthre est élaboré à partir de fleurs de chrysanthèmes (famille des Astéracées) comme le pyrèthre de Dalmatie (*Chrysanthemum cinerariaefolium*) ou le pyrèthre rose (*Pyrethrum roseum*), ou encore *Pyrethrum caucasicum*, *P. carneum*, *P. tamrutense*, *Anacyclus pyrethrum*.

Ces plantes sont de nos jours cultivées dans le sud-est de l'Afrique et en Australie pour leurs vertus insecticides.

On trouve le pyrèthre sous forme de liquide.

Souvent, roténone et pyrèthre sont associés, ce qui augmente leur puissance et leur efficacité.

Leur cible

La roténone agit sur le mécanisme respiratoire des insectes, et le pyrèthre sur leur système nerveux.

Le pyrèthre et la roténone associés sont efficaces contre les parasites suivants : les aleurodes, les altises, l'apion de l'artichaut, les bruches (insectes adultes), les cassides, les cécidomyies, les chenilles, les criocères, les cochenilles, les courtilières, les doryphores, la mouche de la carotte, les psylles, les pucerons, les punaises, les silphes plats, le sitone du pois, la teigne (ver) du poireau, les tenthrèdes, les tétranyques, les thrips de l'oignon, des glaïeuls, de l'œillet, la tipule potagère, la tordeuse du pois et la vanesse de l'artichaut.

Ces deux produits sont garantis non toxiques pour l'homme et les animaux dans des conditions normales d'utilisation. Toutefois, utilisés en grandes **quantités**, ils peuvent s'avérer nocifs pour les poissons, les abeilles, les vers de terre...

Leur utilisation

Ces insecticides à base de végétaux agissent uniquement par contact. Il est donc inutile de les utiliser comme traitement préventif.

Ces produits se pulvérisent, **dilués**, directement sur les cultures atteintes. Ils seront d'autant plus efficaces que la pulvérisation sera fine. Utilisez de préférence un atomiseur qui diffuse la solution en brouillard, ce qui permet d'atteindre même les insectes sous les feuilles.

Effectuez les traitements très tôt le matin ou très tard le soir pour éviter d'atteindre des prédateurs utiles.

Conservez bien ces produits dans l'obscurité et au frais car ils sont très sensibles à la lumière du jour et à l'oxygène de l'air.

mémo

Le dosage des **quantités** est indiqué sur la boîte ou la bouteille ; il faut bien le respecter. Dans le cas d'une prolifération importante, les interventions doivent être répétées à 4 ou 5 jours d'intervalle, car le temps d'action de ces produits est assez court.

Je conseille

*« Les insecticides végétaux seront plus performants **dilués** dans de l'eau douce, de source ou de pluie. Si vous utilisez de l'eau du robinet, laissez-la reposer une nuit afin que le chlore s'évapore et, dans le cas d'une eau très calcaire, ajoutez-y une cuillerée à café de vinaigre par litre d'eau. »*

Les insecticides naturels se pulvérisent avec un atomiseur sur les plantes atteintes.

LES PRÉPARATIONS MAISON

Ces insecticides faits maison agissent différemment selon leur composition : les uns sont mortels pour les nuisibles, les autres sont simplement répulsifs ou empêchent la reproduction des insectes.

Je conseille

« Lorsque vous utilisez de la ***nicotine*** *dans votre préparation, pulvérisez dès le lendemain de l'eau claire sur les végétaux traités et attendez une bonne semaine avant de les consommer... à moins qu'une grosse pluie ne vienne aider à les laver abondamment.(Pour les autres préparations, 2 ou 3 jours d'attente suffisent.) »*

Ces recettes ne sont pas nocives pour l'homme, sauf les préparations à base de **nicotine**, ni pour les animaux ni pour les plantes sur lesquelles certaines ont même un effet stimulant, les aidant à renforcer leur résistance au parasitisme et aux maladies et activant leur croissance.

Les décoctions

Décoction à base de cigarettes ou d'extrait de nicotine

■ Préparation : dans 10 litres d'eau, ajoutez 300 g de mégots de cigarettes sans filtre et faites bouillir environ 30 min ; laissez refroidir, filtrez puis diluez avant usage à raison de 2,5 litres de solution pour 10 litres d'eau. Pour plus d'efficacité, vous pouvez ajouter 200 g de savon noir ou de savon de Marseille. La solution non diluée peut se conserver à l'abri de l'air et de la lumière 1 à 2 semaines, dans un récipient bien hermétique.

■ Utilisation : contre les altises, les bruches du haricot et du pois, les chenilles, les cochenilles, les pucerons...

Décoction à base de feuilles de noyer (*Juglans regia* – Juglandacées)

■ Préparation : pendant 24 h, faites tremper 250 g de feuilles sèches ou 2 kg de feuilles fraîches dans 10 litres d'eau, puis faites bouillir pendant 15 min en couvrant le récipient ; laissez refroidir, filtrez ; pulvérisez la solution pure et encore tiède.

■ Utilisation : contre les chenilles et les pucerons.

mémo

La décoction consiste à faire bouillir une substance dans de l'eau pour en extraire les principes actifs.

Tanaisie vulgaire.

Décoction à base de tanaisie (*Tanacetum vulgare* – Astéracées ou Composées)

■ Préparation : pendant 24 h, faites tremper dans 10 litres d'eau 300 à 400 g de fleurs, feuilles et tiges fraîches ou 30 à 40 g de plante sèche ; faites bouillir pendant 15 min en couvrant le récipient ; laissez refroidir, filtrez et utilisez pure.

■ Utilisation : contre les altises, les mouches de l'asperge et de la carotte, les papillons (noctuelles, piérides) et les pucerons.

Les macérations ou purins

Absinthe.

Purin d'absinthe (*Artemisia absinthium* – Astéracées)

■ Préparation : pendant 10 jours environ, faites macérer dans 10 litres d'eau 2 à 2,5 kg de fleurs, feuilles et tiges fraîches ou 250 à 300 g de plante sèche ; filtrez et utilisez pur.

■ Utilisation : contre les altises, les chenilles, les mouches de l'asperge et de la carotte, les mollusques, les pucerons, la teigne du poireau et les tétranyques.

Purin de genêt à balais (*Cytisus scoparius* – Papilionacées)

■ Préparation : pendant 15 à 20 jours, faites macérer 4 à 5 branches dans 10 litres d'eau ; une couche huileuse va se former en surface ; filtrez et utilisez pur.

■ Utilisation : contre la piéride du chou et autres papillons, ainsi que leurs chenilles.

Purin de lavande (*Lavandula angustifolia* – Lamiacées)

■ Préparation : pendant 8 à 10 jours, faites macérer 1 kg de lavande fraîche dans 10 litres d'eau ; filtrez puis diluez avant usage à raison de 2 litres de solution pour 10 litres d'eau.

■ Utilisation : contre les fourmis, la mouche de la carotte et les pucerons.

Purin de feuilles de noyer (*Juglans regia* – Juglandacées)

■ Préparation : pendant 3 à 4 jours, faites macérer dans 10 litres d'eau 200 g de feuilles sèches broyées ou 1,5 à 2 kg de feuilles fraîches hachées ; filtrez et utilisez pur.

■ Utilisation : contre les chenilles et les pucerons.

Purin d'ortie (*Urtica* – Urticacées)

■ Préparation : hachez 900 g à 1 kg d'**ortie** fraîche, non montée en graine ; faites macérer 4 à 5 jours dans 10 litres

mémo

La macération consiste à faire tremper une substance dans de l'eau pendant un certain nombre de jours pour en dissoudre les parties solubles.

Purin d'ortie.

mémo

La macération d'**ortie** a plusieurs utilisations. Pure, elle peut combattre les courtilières en inondant leurs galeries ; avec une macération beaucoup plus longue (12 à 14 jours) elle est utilisée comme activateur de croissance, en arrosage, en particulier pour les tomates. Dans cette fonction, elle peut se conserver, non diluée, assez longtemps.

d'eau ; filtrez puis diluez avant usage à raison de 2 litres de solution pour 10 litres d'eau.

La solution non diluée se conserve quelques jours à l'abri de la lumière et de l'air.

■ Utilisation : contre les pucerons.

Purin de rue officinale (*Ruta graveolens* – Rutacées)

■ Préparation : pendant 10 jours, faites macérer 800 à 900 g de feuilles dans 10 litres d'eau ; filtrez puis diluez à raison de 2 litres de solution pour 10 litres d'eau.

■ Utilisation : contre la mouche de l'asperge et les pucerons.

mémo

Comme pour les insecticides végétaux, ces préparations ont une courte durée d'action et agissent par contact. Pour la dilution, bannir l'eau du robinet qui neutralise leurs bienfaits.

Sureau noir.

Purin de sureau (*Sambucus nigra* – Caprifoliacées)

■ Préparation : hachez 800 g à 1 kg de feuilles, fleurs, fruits et pousses de sureau ; faites macérer pendant 2 à 3 jours dans 10 litres d'eau ; filtrez et utilisez pur.

■ Utilisation : contre les altises, les papillons noctuelles, les pucerons et les thrips.

Purin de tabac

■ Préparation : achetez un paquet de tabac gris, ôtez le papier et enfilez le tabac dans un bas ou collant ; plongez-le dans un récipient contenant 10 litres d'eau ; laissez macérer 10 à 12 jours ; une légère couche jaunâtre doit apparaître ; filtrez puis diluez avant usage à raison de 2 litres de solution pour 10 litres d'eau ; vous pouvez ajouter 1 verre à moutarde (25 cl) d'alcool à brûler.

■ Utilisation : identique à celle de la décoction de nicotine.

Purin de feuilles et gourmands de tomate (*Lycopersicon esculentum* – Solanacées)

■ Préparation : hachez puis pilez 600 g à 1 kg de feuilles et **gourmands** de tomate ; laissez macérer dans 10 litres d'eau pendant 1 à 3 jours ; filtrez puis utilisez pur.

Gourmand : rameau sans fruits.

■ Utilisation : contre les altises, les chenilles, la mouche de l'asperge, les pucerons, la teigne du poireau et la tipule potagère.

Les clefs de la réussite

- Utilisez uniquement des récipients non métalliques (plastique, bois, verre...).
- Employez de l'eau de pluie ou de source pour la préparation et la dilution.
- Utilisez ces solutions le plus rapidement possible.
- Vaporisez toujours tôt le matin ou tard le soir.
- Évitez de traiter en plein soleil ou par grand vent.
- Par précaution, attendez 2 à 3 jours avant de consommer les plantes traitées.
- Renouvelez le traitement si nécessaire car la durée d'action de ces préparations est très brève.

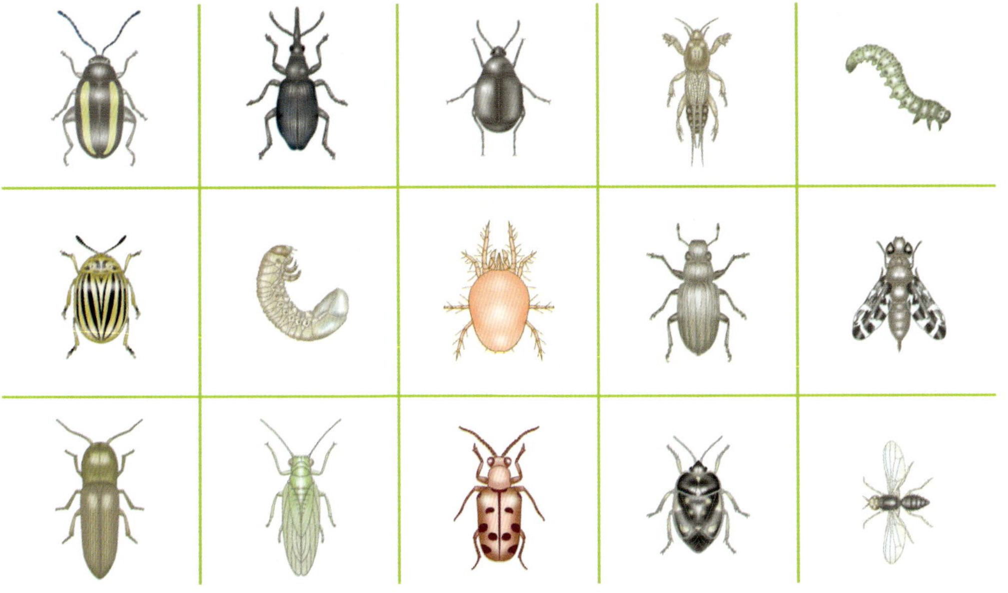

LES PRINCIPAUX PARASITES

Les parasites, aux noms souvent poétiques, sont de véritables fléaux pour les cultures. Une grande majorité sont des insectes et, pour la plupart, ce sont leurs larves qui sont les plus nuisibles. Minuscules, ils ne sont pas toujours visibles ni identifiables, mais apprendre à repérer les symptômes de leurs attaques permet d'effectuer un diagnostic rapide et de trouver le remède qui convient. Le jardinier se transforme alors en médecin des plantes.

★ Facile à éliminer
★★ Assez facile à éliminer
★★★ Difficile à éliminer

L'ALTISE DES CRUCIFÈRES

C'est surtout pendant les périodes chaudes et sèches que cet insecte cause des dégâts sur les semis et les jeunes plants. Larves et insectes sont autant nuisibles mais ils s'éliminent très facilement.

Les caractéristiques

L'altise est un coléoptère sauteur de la famille des Chrysomélidés, souvent appelé « puce des jardins ».

C'est un insecte diurne.

Insectes et larves mesurent entre 1 et 6 mm, selon les espèces.

Il peut y avoir jusqu'à 3 générations entre les mois de mai et septembre.

Les altises ont des couleurs variées. *Phylliodes chrysocephala*, le plus courant, est de couleur noir brillant, mais d'autres espèces s'attaquent également aux Crucifères : *Phyllotreta nemorum*, *P. undulata*, *P. vittula*. *Chaetocnema tibialis* (vert aux reflets bleuâtres) atteint les betteraves et *Sphaeroderma rubidum* (d'un jaune brillant), l'artichaut.

Les effets

Le principal dommage causé par ce parasite est la perforation des feuilles des plantes atteintes.

Outre les **Crucifères**, de nombreuses autres plantes peuvent être victimes des altises : la betterave, les fraisiers, l'oseille… ; ainsi que certaines fleurs : le fuchsia, la giroflée – qui fait partie des Crucifères –, le myosotis, les œillets, le réséda, et parfois la vigne.

Les larves peuvent coloniser toutes les parties de la plante, feuilles, fleurs et racines.

Les végétaux envahis se développent mal et peuvent même mourir.

mémo

La famille des **Crucifères**, portant aussi le nom de Brassicacées, comprennent les choux, le cresson, le navet, le radis, le raifort sauvage, le salsifis ainsi que la giroflée.

Le chou et autres Brassicacées sont les principales victimes des altises.

En prévention

■ Déposez entre les rangs des branches de sureau dont l'odeur fait fuir les altises. À renouveler fréquemment.

■ Semez de la tanaisie autour de vos parcelles à protéger : elle les fait fuir.

■ Dès le mois de mai, détruisez, si vous en apercevez, les œufs jaunes réunis par groupe sous les feuilles.

Les moyens de lutte

■ Traitez avec de l'insecticide végétal (pyrèthre, roténone) en renouvelant l'opération, si nécessaire, tous les 4 ou 5 jours.

■ Pulvérisez du purin de feuilles et de gourmands de tomate, de sureau, d'absinthe ou de savon noir. Vous pouvez utiliser également une décoction de nicotine, une macération de tabac ou de la cendre de bois.

■ Saupoudrez vos plantations tôt le matin, à la rosée, et renouvelez l'opération de temps à autre, surtout après les pluies.

★★

L'APION DE L'ARTICHAUT

Élytre : aile dure des coléoptères qui recouvre l'aile inférieure, plus fragile, servant à voler.

mémo
Le cardon ou **artichaut sauvage** a le même ennemi.

Cet insecte apparaît à la fin du printemps. Lui-même n'est pas dangereux mais ce sont ses larves qui causent des dégâts en creusant des galeries à l'intérieur de la plante. Si les adultes sont assez faciles à éliminer, les larves sont, elles, hors d'atteinte.

Les caractéristiques

L'apion de l'artichaut, *Apion carduorum*, est un coléoptère de la famille des Apionidés mesurant 3 à 4 mm de long. Ses **élytres** sont de couleur bleu foncé. Il est muni d'une trompe dans le prolongement de sa tête et ses yeux ressortent. Ses larves sont blanchâtres et atteignent environ 3 mm de long.

Il existe d'autres espèces de cet insecte qui parasitent diverses plantes, dont notamment : *Apion haematodes*, l'oseille, *A. rufirostre*, la mauve, *A. fulvirostre*, la guimauve, *A. brevirostre*, le millepertuis, *A. confluens*, la marguerite, *A. flavimanum*, la menthe...

Les effets

Les larves attaquent les pétioles et les nervures des feuilles de l'**artichaut**, parfois aussi les capitules, qui deviennent alors impropres à la consommation. Les feuilles atteintes jaunissent et finissent par mourir.

En prévention

- Si vous avez déjà subi des attaques l'année précédente, pulvérisez de l'insecticide végétal en mai-juin, dès l'apparition des adultes. Renouvelez le traitement si nécessaire.
- Vous pouvez aussi utiliser une décoction nicotinée ou une macération de tabac.

Les larves de l'apion de l'artichaut étant impossibles à éliminer, il vaut mieux protéger vos artichauts en éliminant les parasites adultes en mai-juin.

Les moyens de lutte

- Cueillez et brûlez les feuilles atteintes des artichauts.
- Dans le cas de l'oseille, coupez les feuilles au ras du sol et brûlez-les.

★★

LA BRUCHE DU HARICOT

L'insecte pond ses œufs sur les gousses au printemps ou au début de l'été et, par la suite, ses larves se développent à l'intérieur de celles-ci, minant les graines dont elles rongent les parties nutritives. La meilleure solution pour éliminer ce parasite tenace est l'exposition au froid.

Les caractéristiques

La bruche du haricot, *Bruchus obtectus*, est un coléoptère de la famille des Bruchidés, de couleur grise à noirâtre, long de 2 à 5 mm.

Il existe plusieurs espèces qui attaquent les autres plantes de la famille des Fabacées ou Légumineuses : *Bruchus pisorum*, les pois, *B. pallidicornis*, les lentilles, *B. rufimarus*, les fèves et les pois... Les lupins et les vesces, qui appartiennent à la même famille, sont également sujets à l'attaque de ces nuisibles.

Je conseille

« Toutefois, ne vous fiez pas uniquement à cette vérification, car il se peut que des graines qui n'ont été que tout récemment ***envahies*** *restent au fond. »*

Les effets

Les larves qui pénètrent dans les graines y creusent des galeries et n'en ressortent qu'au printemps suivant (avril-mai), en laissant apparaître un petit trou.

En prévention

Triez vos graines avant de les semer en les trempant dans de l'eau : les graines **envahies** surnagent.

Je conseille

« Pour les ***graines*** *conservées en gousses, après la récolte, faites sécher les plants pendus la tête en bas, dans un abri aéré, sec et soumis aux rigueurs de l'hiver. Entassez les variétés grimpantes (à rames) dans des cageots surélevés. »*

Les moyens de lutte

■ Avant les semis, conservez les **graines** bien sèches en haut du réfrigérateur (en dessous du compartiment à glaçons) pendant plusieurs semaines. Vous pouvez aussi les mettre au congélateur pendant 4 à 5 jours. Les bruches seront détruites et les graines conserveront plusieurs dizaines d'années leur faculté germinative.

■ Deux à trois semaines avant la récolte des haricots secs ou autres légumes de la famille des Fabacées, pulvérisez sur les gousses une solution à base de nicotine ou une macération de tabac.

La bruche du haricot est moins friande de haricots en filets – communément appelés haricots verts – que de haricots secs, mais les attaques sont toutefois possibles.

LE CHARANÇON DE LA CAROTTE

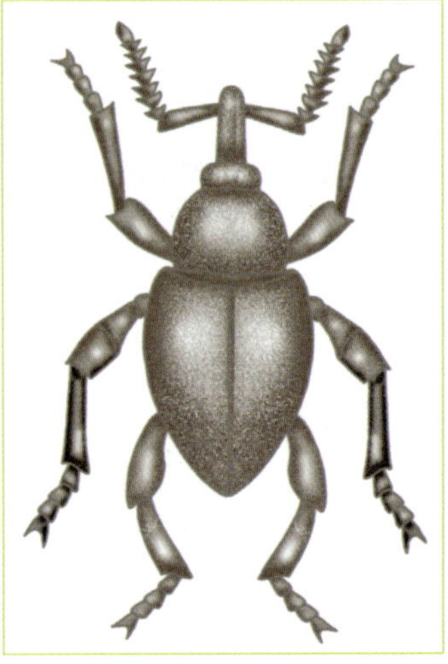

C'est pendant une partie de l'été que les larves du charançon envahissent les racines de la carotte. Elles y creusent des galeries en remontant vers la surface. L'insecte, lui, n'est pas nuisible mais il est le seul à pouvoir être traité.

Les caractéristiques

Le charançon de la carotte, *Molytes coronatus* ou *Liparus coronatus*, est un coléoptère de la famille des Curculionidés. Il est d'un noir brillant avec des taches jaunâtres, recouvert de poils et mesure entre 10 et 13 mm de longueur. Les femelles pondent leurs œufs dans le sol en mai-juin. Les larves se développent sous terre jusqu'à environ 20 cm de profondeur et pénètrent dans la carotte par le bout de ses racines.

On ne compte qu'une seule génération d'adultes par printemps.

Les effets

Les larves s'attaquent uniquement à la racine de la carotte, ce qui rend inconsommable cette partie habituellement comestible.

En prévention

- Associez la carotte avec le poireau ou l'oignon.
- Respectez bien les bases essentielles de jardinage : amendement et fertilisation du sol, longue rotation des cultures (4 à 6 ans). En effet, la présence du charançon de la carotte dans les cultures signale souvent un déséquilibre du sol.
- Abritez vos cultures de carottes à l'aide d'un filet anti-insectes en mai-juin.

Pour éviter les attaques du charançon de la carotte, il est important de veiller au bon équilibre du sol.

Les moyens de lutte

■ Incorporez rapidement et superficiellement de la cendre de bois à la terre, à raison de 5 à 7 kg à l'are.

■ Ramassez et détruisez les insectes dès leur sortie de terre au printemps.

■ Traitez à la roténone.

★★★

LA COCHENILLE DES ARBRES FRUITIERS

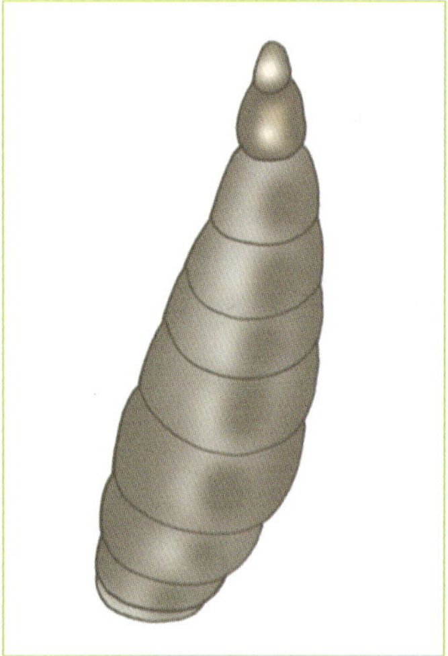

C'est de mai à juin que les nouvelles cochenilles apparaissent, après hibernation des larves sur les troncs et les branches des arbres. Selon les espèces, ce sont de redoutables insectes, assez difficiles à traiter car les femelles sont protégées par un manteau cireux.

Les caractéristiques

La cochenille des arbres fruitiers, *Eulecanium Corni*, est un homoptère de la famille des Coccidés, long d'environ 0,5 cm. Les femelles possèdent une carapace brunâtre qui recouvre les œufs très nombreux. L'insecte meure et reste accroché aux branches de l'arbre, protégeant ainsi les œufs jusqu'à éclosion des larves, qui vont ensuite se réfugier sous les feuilles puis, peu avant la chute de celles-ci, sur les troncs et branches pendant l'hiver.

Il existe de nombreuses espèces de cochenilles qui ont chacune leur terrain de prédilection : *Lecanium hemisphaericum* sévit en serre, *Ceroplastes rusci* attaque les rosiers et la vigne, *Diaspis pentagona*, les mûriers, *Diaspis leperii* et *Epidiaspis betulae*, les abricotiers, cerisiers, pêchers, poiriers et pommiers, *Pseudococcus adomidum*, *P. citri*, *Icerya purchasi*, les orangers...

Les effets

Cet insecte pique l'écorce des plantes, se nourrit de leur sève et favorise par ces piqûres la **fumagine**.

Fumagine : maladie fongique des plantes qui provoque la chute des feuilles.

Les végétaux pouvant être touchés sont très nombreux : les arbustes (groseilliers à grappes et à maquereau, cassissiers, mûriers, rosiers...), les arbres fruitiers (cerisiers, noisetiers, noyers, orangers, pêchers, poiriers, pommiers, pruniers,...), les camélias, le laurier-rose et le laurier-tin,

Les cochenilles étant difficiles à éliminer, il vaut mieux protéger les troncs des arbres fruitiers avec une bouillie de lithothamne pour les tenir à distance.

les orchidées, les rhododendrons, les cyprès, les fusains, les thuyas, les plantes grasses...

En prévention

- En janvier, badigeonnez à l'aide d'un pinceau les troncs et les branches maîtresses de vos arbres fruitiers avec une bouillie de lithothamne (500 g par litre d'eau additionnée de 1 verre de lait en guise de liant).
- Veillez bien à l'équilibre de votre sol car les végétaux attaqués sont souvent rendus vulnérables par un manque d'éléments essentiels à leur bonne santé.

Les moyens de lutte

- Traitez avec un insecticide d'origine végétale (pyrèthre ou roténone), ou bien avec une macération à base de nicotine additionnée d'alcool à brûler.
- Pour éliminer les cochenilles d'appartement ou de serre, frottez les feuilles des plantes attaquées avec un coton imbibé d'alcool à brûler, à l'endroit où ces insectes sont présents en plaques blanchâtres.

★★★

LA COURTILIÈRE

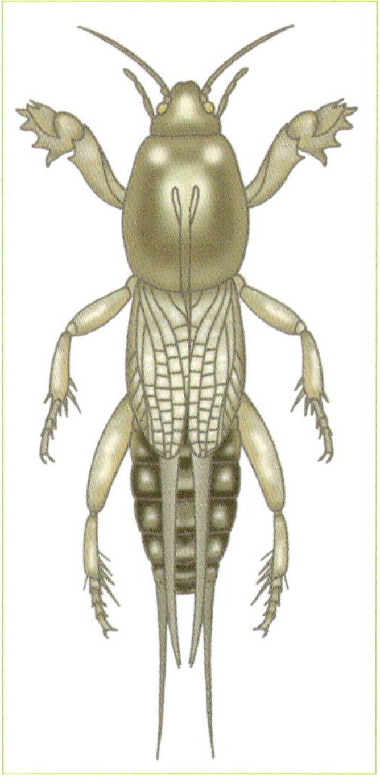

Cet insecte très redouté des jardiniers peut causer des ravages en toutes saisons, mais surtout au printemps et en été. Il est aussi connu sous le nom de «taupe-grillon».

Les caractéristiques

La courtilière, *Gryllotalpa vulgaris*, est un orthoptère de la famille des Gryllotalpidés proche du grillon, long de 4 à 5 cm, de couleur brun jaunâtre velouté dessus et rougeâtre en dessous ; ses pattes avant sont fouisseuses.

La courtilière est à la foi carnassière et végétarienne. Pendant la nuit, elle cherche sa nourriture (vers blancs, fourmis, larves, vers de terre) en creusant des galeries au ras du sol. Elle se repose pendant la journée.

On la trouve surtout dans les terrains frais ou humides, légers, meubles et sablonneux. La ponte a lieu de mai à juillet.

Les effets

En creusant ses galeries, la courtilière détruit les racines des légumes et des fleurs et bouleverse les semis.

En prévention

Installez des **pièges** dans votre jardin. Inspectez-les chaque jour et détruisez les captives.

Les moyens de lutte

■ Près des abris, reconnaissables à leurs petits monticules de terre entourés de débris, creusez jusqu'à environ 25 cm de profondeur, repérez les œufs et détruisez-les – les nids en forme de boule sont cernés d'une membrane de terre.

■ Dégagez le dessus des galeries proches des nids, versez au goulot une solution à base de pyrèthre et de roténone diluée à 2 % et additionnée de 1 verre par litre d'eau de purin d'ortie pur de courte macération.

Je conseille

« De fin mars à début octobre, enterrez des boîtes de conserve au ras du sol, déposez-y 2 cuillérées à soupe d'essence de térébenthine. Les courtillières, attirées par l'odeur, tombent dans la boîte et ne peuvent en remonter. Un autre ***piège*** *consiste à construire des abris avec des petits tas de fumier de cheval frais recouverts d'ardoises ou de tuiles. »*

LE CRIOCÈRE DE L'ASPERGE

★★

L'insecte fait son apparition fin avril, les femelles pondent leurs œufs en mai, puis surviennent les larves qui se nourrissent de tiges et de feuilles. Une seconde génération sévit en juillet.

Les caractéristiques

Le criocère de l'asperge, *Crioceris asparagi*, est un coléoptère de la famille des Chrysomélidés. Il peut atteindre jusqu'à 1 cm ; il est muni d'ailes cornées bleutées ponctuées de taches blanchâtres à jaunâtres. *Crioceris duodecimpunctata* est jaunâtre à rougeâtre avec 12 points noirs ; il s'attaque aux asperges mais également aux concombres, courges, haricots, pommes de terre... *C. merdigera*, à ailes supérieures rougeâtres et tête noire, plus longue, s'attaque à l'oignon et aux lis. *C. lilii* s'attaque également aux lis.

Les larves mesurent environ 6 à 7 mm ; elles sont gluantes et de couleur grise, jaunâtre ou saumonée.

Les effets

Les larves dévorent les tiges et les feuilles, ou bien colonisent les racines. La plante se dessèche et peut mourir.

L'insecte s'attaque aux jeunes pousses en les mordant.

En prévention

Si vos asperges ou autres légumes ont déjà été envahis auparavant, protégez-les par un filet anti-insectes.

Les moyens de lutte

■ Traitez à la roténone avec une solution à base de nicotine ou une macération de tabac.

■ **Ramassez** les adultes, très repérables par leur couleur, puis détruisez-les.

Je conseille

*« Pour **ramasser** les criocères, utilisez un récipient muni d'un couvercle qui reste fermé pendant la collecte et qui s'ouvre rapidement, d'une pression sur le couvercle, pour y déposer les insectes (type couvercle de cafetière traditionnelle). »*

★★★

LE DORYPHORE

D'avril à septembre cet insecte, ainsi que ses larves très voraces, fait beaucoup de dégâts sur les feuilles de pommes de terre.

Les caractéristiques

Le doryphore, *Leptinotarsa decemlineata*, est un coléoptère de la famille des Chrysomélidés, de couleur jaune orangé, marqué de lignes longitudinales noires, bombé, et qui mesure environ 1 cm. Ses larves rosâtres sont de la même longueur. Ses œufs jaunes sont groupés sous les feuilles. Il y a plusieurs générations par an. On les trouve surtout dans les terres légères.

Les effets

La plante la plus attaquée est la pomme de terre. Les feuilles sont dévorées et il n'en reste que les nervures et les tiges. Parfois les aubergines, les piments et les tomates peuvent en être également victimes.

En prévention

Beaucoup de jardiniers traitent en prévention mais cela ne sert à rien ! Tous les traitements sont de contact : il faut toucher l'insecte, les larves ou les œufs.

Cependant vous pouvez semer çà et là, parmi les pommes de terre, du ricin (*Ricinus communis*) qui attire les doryphores et les empoisonne.

Les moyens de lutte

- Au début de l'invasion, ramassez et écrasez adultes et larves. Inspectez bien le dessous des feuilles, cueillez les folioles qui portent des œufs et écrasez-les également.
- Pulvérisez en brouillard, à l'aide d'un atomiseur, de la roténone diluée à 1 ou 2 % et additionnée de 20 % de purin d'ortie. Faites en sorte que les feuilles soient touchées dessus et dessous pour que le traitement soit efficace.

LE HANNETON COMMUN

★★★

Du printemps à l'automne, la larve du hanneton, communément appelée « ver blanc », sévit sur toutes les cultures ainsi que sur les jeunes arbres. En grand nombre, il est assez difficile de s'en débarrasser.

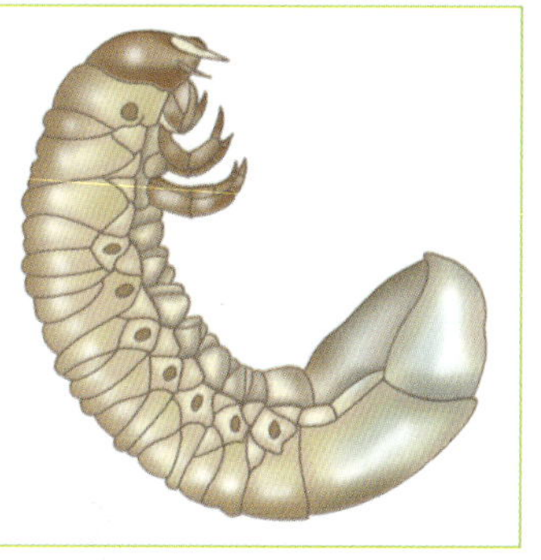

Les caractéristiques

Le hanneton, *Melolontha vulgaris*, est un coléoptère de la famille des Scarabéidés, de couleur rougeâtre, avec une tête brune et des antennes en lamelles. Il mesure de 2 à 3 cm. Les mâles meurent à l'accouplement et les femelles après la ponte.

Il peut y avoir 3 pontes en quelques jours.

La larve peut atteindre jusqu'à 6 cm ; elle est grosse, charnue, recourbée en arc, blanche avec des pattes et une tête jaunes. Son cycle évolutif est de 3 à 4 ans.

Les effets

Les larves se nourrissent des jeunes racines et radicelles des plantes. Ses principales victimes sont les betteraves, les chicorées, les fraisiers, les laitues... mais aussi les jeunes arbres et les vignes.

Les plantes attaquées, qu'elles soient potagères ou florales, se flétrissent, jaunissent et meurent.

Les hannetons adultes sont peu nuisibles sauf s'ils sont **nombreux** ; ils peuvent alors défeuiller des chênes et certains arbres fruitiers (cerisiers, pruniers...).

mémo
Aujourd'hui les hannetons ne sont plus très **nombreux**, victimes des produits chimiques de synthèse et de la prolifération des taupes qui les éliminent.

En prévention

- Pratiquez de longues rotations.
- Semez un engrais vert à base de sarrasin (*Fagopyrum esculatum*) dans les terrains pauvres ou de colza (*Brassica*

napus) en terre riche : les racines de ces plantes feront disparaître, en partie, les larves.

■ Hachez et incorporez dans le sol des feuilles de choux, de navets, de moutarde à feuilles de chou, qui feront fuir les larves.

Les moyens de lutte

■ Détruisez les larves que vous verrez lors de la préparation de votre sol.

■ Incorporez dans le sol des déchets de laine brute, dans lesquels les vers blancs se prennent et meurent d'épuisement. Cette méthode est la plus efficace.

■ Si vous constatez la présence de hannetons dans les arbres de votre jardin ou de votre verger, surprenez-les lorsqu'ils sont encore au repos, tôt le matin. Ramassez-les ou gaulez les arbres pour qu'ils tombent, puis détruisez-les immédiatement.

Prévoyez deux fois plus de salades que nécessaire dans vos rangs de plantation – ici, des chicorées. En cas d'attaque par le hanneton commun, vous pourrez ainsi éliminer les plus atteintes.

LES MOLLUSQUES

★

Limaces, escargots et autres mollusques sont présents pendant toute la belle saison, surtout la nuit ou par temps humide et pluvieux. Ils peuvent être éliminés assez facilement.

Les caractéristiques

Les mollusques comprennent plusieurs familles.

■ Les Arionidés : *Arion hortensis*, limace grise ou noire de 4 à 8 cm ; *Arion rufus*, limace rouge ou noire de 10 à 12 cm.

■ Les Limacidés : *Limax agrestis* ou *Agriolimax agrestis*, loche ou limace agreste, noirâtre, mesurant de 1 à 7 cm ; *Limax cellarius* ou *L. maximus*, limace grise à taches noires longitudinales de 9 à 15 cm.

■ Les Hélicidés, munis de coquilles (escargots, limaçons...) : *Hélix pomatia* (escargot de Bourgogne), *H. aspersa* (petit-gris), *H. nemoralis*, *H. vermiculata*, *H. intersecta*.

Tous ces mollusques sont nuisibles mais les loches et les limaces sont les plus voraces.

Ils ne sortent que la nuit ou par temps de pluie ; ils se cachent dans la journée et commencent à apparaître au crépuscule.

Ils laissent sur le sol des traces de bave brillante.

Les effets

Les mollusques dévorent les jeunes plants de chicorée, chou, courge, haricot, laitue, tomate... et de nombreuses plantes décoratives.

En prévention

Le meilleur moyen pour prévenir une attaque de mollusques est de protéger les planches de jeunes plants à l'aide de remparts, assez épais, de sciure ou de cendre de bois : les mollusques ne peuvent franchir cet obstacle. Reconstituez ces remparts après chaque pluie.

Détruisez les limaces que vous trouverez dans les pièges, mais conservez les escargots que vous pourrez cuisiner ou donner à vos voisins.

Les moyens de lutte

■ Il existe une solution très efficace : achetez en droguerie du sulfate de cuivre en neige ou en cristaux ; diluez-en 100 g pour 10 litres d'eau, mélangez efficacement et pulvérisez au crépuscule autour du jardin et entre les rangs des plantes (si les cultures potagères sont atteintes, elles pourront être consommées quelques jours plus tard, après un bon lavage). Les mollusques, qui sont eux-mêmes très riches en cuivre, ne supportent pas d'apport extérieur de cet oligo-élément et meurent. Par contre, cette solution n'est pas mortelle pour les prédateurs.

■ Construisez des pièges un peu partout dans votre jardin, à l'aide de planches ou de tuiles posées sur le sol et légèrement soulevées d'un côté par un caillou. Visitez-les régulièrement dans la journée car les mollusques ont l'habitude de s'y réfugier.

LA MOUCHE DE L'ASPERGE

★★

Ce diptère apparaît vers le milieu du printemps. Ce sont ses larves qui sont nuisibles.

Les caractéristiques

La mouche de l'asperge, *Platyparea poeciloptera*, est un diptère de la famille des Trypétidés. Elle mesure un peu plus de 0,5 cm, elle est de couleur brun foncé ; ses ailes sont ornées de dessins blancs et noirs en zigzags.

Les femelles pondent leurs œufs d'avril à juin, à la pointe du **turion** d'asperge ; quelques semaines plus tard apparaissent les larves blanchâtres, longues de 7 à 8 mm.

Les effets

Les larves creusent des galeries en descendant dans la tige de l'asperge, qui se recourbe, jaunit et se dessèche. Ces dégâts sont plus nombreux dans les jeunes plantations dont on ne récolte pas encore les **turions** (les 3 premières années surtout) ; par la suite, les risques sont moins grands car les turions sont cueillis dès leur apparition.

Turion : bourgeon souterrain d'une plante vivace.

En prévention

- À l'automne, coupez les tiges au ras du sol, brûlez-les.
- Semez autour de l'aspergeraie des **plantes hautes** qui feront un rempart à ces mouches.
- Couvrez les asperges d'un voile anti-insectes.

mémo

Les **plantes hautes** couramment plantées autour des aspergeraies sont le haricot à rames, le pois à rames, le maïs doux, le topinambour.

Les moyens de lutte

- Coupez les tiges atteintes le plus près possible de la griffe et brûlez-les.
- D'avril à juin, contrariez l'odeur des asperges, qui attire la mouche, en pulvérisant 1 ou 2 fois par semaine du purin de feuilles et gourmands de tomate, de rue officinale ou d'absinthe, ou encore une décoction de tanaisie.

★★★

LA MOUCHE BLANCHE OU ALEURODE

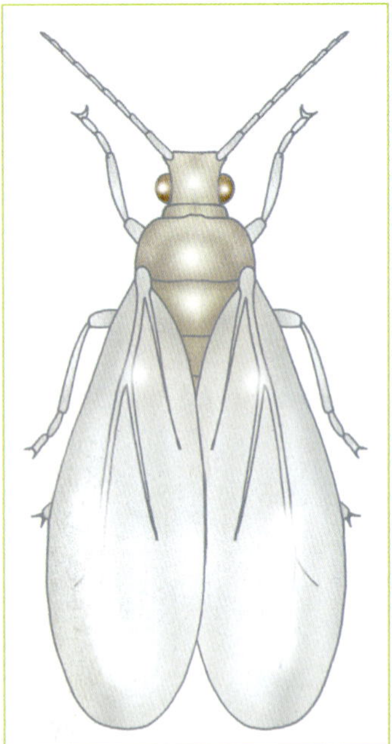

Les périodes chaudes et sèches sont favorables à cet insecte qui peut attaquer divers végétaux, plantes potagères ou plantes florales, du printemps à la fin de l'été. Il est assez difficile d'en venir à bout surtout pour la mouche blanche ou aleurode de serre.

Les caractéristiques

Les aleurodes, dites mouches blanches, sont des homoptères faisant partie de la famille des Aleurodidés. Il en existe plusieurs espèces : *Aleyrodes proletella* et *A. brassicae* s'attaquent aux choux et autres Crucifères ; *A. fragariae* aux fraisiers ; *Trialeyrodes vapârariorum* et *Bemisia tabaci* aux plantes cultivées en serre.

Ces insectes mesurent entre 1 et 5 mm, selon les espèces. Ils vivent agglutinés en très grand nombre sur la face intérieure des feuilles. Leurs ailes sont blanches et leur envol forme de petits nuages blancs lorsque l'on secoue les plantes attaquées.

Les effets

Les plantes attaquées sont les plantes potagères : aubergine, chou, concombre, courge, fraisier, haricot, melon, piment, pomme de terre, et tomate.

Il peut également arriver que certaines plantes florales soient agressées ainsi que des arbustes comme, par exemple, le noisetier.

Ces parasites sucent la sève des feuilles. Les larves se fixent rapidement sous les feuilles, sécrètent une matière cireuse et font des dégâts comparables à ceux des adultes.

Leurs excréments favorisent la fumagine, maladie fongique qui provoque la chute des feuilles.

En prévention

- Aérez bien vos serres et vos châssis.
- Paillez votre sol pour le maintenir humide.
- Plantez du basilic, des capucines, des œillets d'Inde et des soucis qui repoussent ces indésirables.

Les moyens de lutte

- Traitez avec du pyrèthre et de la roténone en renouvelant, si nécessaire, toutes les semaines.
- Accrochez à proximité des plantes atteintes des plaques jaunes anti-insectes engluées. Les mouches viennent s'y coller. Une plaque protège environ 5 m^2.

Je conseille

« *Vous pouvez aussi essayer une méthode de lutte intégrée, en introduisant au printemps, dès les premières apparitions des aleurodes, une petite guêpe parasite,* Encarsicia formosa, *que vous pourrez vous procurer chez un bon spécialiste de lutte contre les parasites.* »

En conservant la fraîcheur du sol au pied des plants de tomates, un paillage évite la prolifération de la mouche blanche, qui aime la sécheresse.

★★

LA MOUCHE DE LA CAROTTE

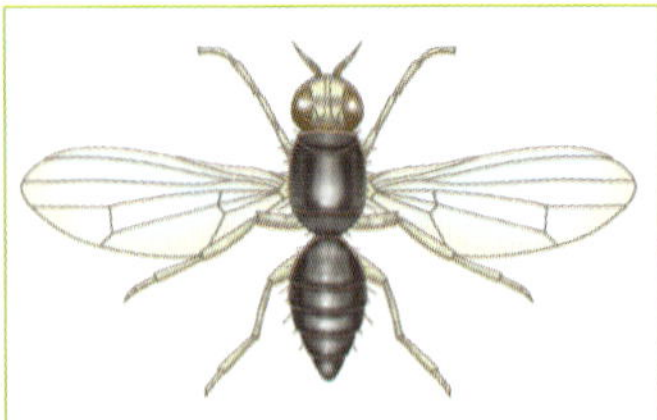

mémo
La famille des **Ombellifères** ou Apiacées comprend, outre la carotte et le panais, l'aneth, le céleri, le cerfeuil, le fenouil, le persil.

Du printemps à l'été, cette mouche pond jusqu'à 3 générations d'œufs blancs en paquets, près des **Ombellifères** qu'elle affectionne. Seules ses larves sont nuisibles. C'est surtout dans les terres déséquilibrées qu'elle apparaît.

Les caractéristiques

La mouche de la carotte, *Psila roae*, est un diptère de la famille des Psilidés. Elle est noire, brillante, munie d'ailes claires et mesure de 4 à 6 mm.

Ses larves atteignent jusqu'à 7 mm, sont blanchâtres à jaunâtres ; elles s'enfoncent dans le sol sitôt écloses.

Les effets

Les larves commencent par se nourrir des radicelles des carottes et du panais, principalement, puis s'attaquent aux racines dans lesquelles elles creusent des galeries. Les feuilles des carottes atteintes jaunissent, flétrissent et la racine devient immangeable. Les choux, les céleris et le persil peuvent aussi être victimes de ces larves.

En prévention

- Lors du semis, recouvrez légèrement les semences avec du marc de café sec : l'odeur fait fuir la mouche !
- Alternez un rang de carottes et un rang de poireaux.

mémo
L'**odeur** de l'absinthe, de la fougère, de la lavande, du romarin, de la sauge officinale ou de la tanaisie fait fuir la mouche de la carotte.

Les moyens de lutte

- Traitez au pyrèthre et à la roténone.
- Déposez, de temps en temps entre les rangs, des branches de plantes à **odeur** forte.
- Éliminez les racines atteintes et ébouillantez-les avant de les jeter à la poubelle.

LES MOUCHES DIVERSES

★

Du printemps à la fin de l'été, un grand nombre de différentes mouches envahissent les jardins. Ce sont leurs larves qui peuvent attaquer les plantations.

Oignons et échalotes sont parmi les cibles de prédilection des larves de mouches.

Les caractéristiques

Les mouches sont des diptères pouvant appartenir à différentes familles (voir tableau pages suivantes).

Les larves, ressemblant très souvent à des asticots, sont blanches à jaunâtres et mesurent entre 5 et 10 mm.

Les effets

Les larves des mouches creusent des galeries dans les feuilles, pétioles, tiges, bulbes ou racines des végétaux. Les plantes attaquées jaunissent et finissent par périr.

Les plantes les plus attaquées semblent être l'artichaut, l'asperge (voir la mouche de l'asperge), la betterave, le cardon, la chicorée Witloof, le céleri, les choux, l'échalote, la laitue, le navet, l'oignon, l'oseille.

En prévention

Pour ne pas être victime de ces indésirables, respectez les bases d'un jardinage sain et organique : rotations, amendement et fertilisation corrects du sol.

Les moyens de lutte

Pour toutes les mouches, on peut traiter uniquement les adultes, les larves étant hors d'atteinte.

Traitez au pyrèthre et à la roténone avec un atomiseur qui diffuse le produit en brouillard.

NOM USUEL	NOM LATIN
mouche de l'artichaut	*Agromysa andalusiaca*
mouche de la betterave	*Pegomyia betae*
mouche du céleri	*Philophylla heraelei*
mouche de la chicorée de Bruxelles ou endive	*Ophiomyia pinguis*
mouche du chou	*Chortophila brassicae*
mouche de l'échalote	*Chortophila cana*
mouche du navet	*Chortophila floralis*
mouche de l'oignon	*Chortophila antiqua*
mouche de l'oseille	*Pegomyia acetosa*

PRÉVENTION	LUTTE
- effectuez de longues rotations, de 6 ans minimum - plantez à proximité des plantes à forte odeur : menthe, mélisse, sauge...	traitez les adultes au pyrèthre et à la roténone
binez souvent et en profondeur	coupez et brûlez les feuilles dès l'apparition des galeries
aucune prévention connue	- coupez et éliminez les feuilles atteintes - traitez avec pyrèthre et roténone ou décoction à base de nicotine ou macération de tabac
très rare dans sol équilibré	au début de l'invasion, traitez avec pyrèthre et roténone ou décoction à base de nicotine ou macération de tabac
ôtez les trognons de choux de la terre, si présence de larves	- arrachez et brûlez les pieds trop atteints - traitez au pyrèthre et à la roténone ou au purin de feuilles et gourmands de tomate
- évitez les fumures fraîches ou peu décomposées - plantez à côté des carottes - pulvérisez 1 à 2 fois par semaine des macérations de tanaisie, de lavande, de rue officinale ou de feuilles et gourmands de tomate	arrachez et brûlez les pieds atteints
- évitez les fumures fraîches ou peu décomposées - procédez à des fertilisations foliaires - déposez entre les rangs des branches de plantes aromatiques à forte odeur	arrachez et brûlez les pieds atteints
voir mouche de l'échalote	voir mouche de l'échalote
aucune prévention connue	coupez et brûlez les feuilles atteintes

★★★

LA MOUCHE DES SEMIS

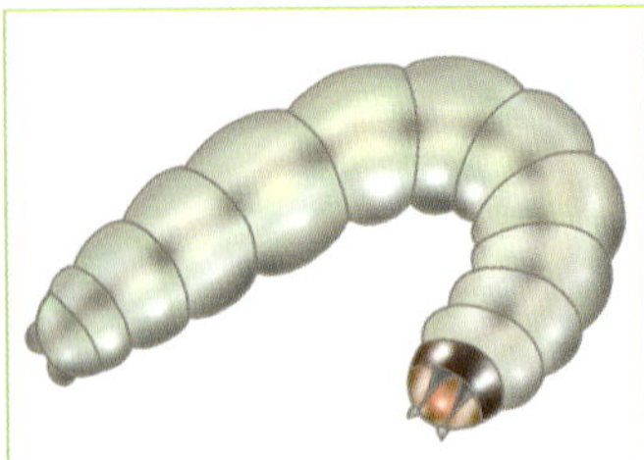

Cette petite mouche pond ses œufs dans la terre. Les larves passent l'hiver dans la couche supérieure du sol et c'est surtout au printemps (mai-juin) qu'elles s'attaquent aux semis. Il existe peu de remèdes, si ce n'est semer dans de bonnes conditions.

Les caractéristiques

La mouche des semis, *Hylemyia brassicae*, est un petit diptère de la famille des Muscidés, gris ou noir, mesurant de 4 à 6 mm.

Il existe plusieurs espèces, chacune ayant ses semis de prédilection : *Hylemyia cilicrura*, l'oignon, le poireau, *H. radicum*, les Brassicacées, *H. brunnescens*, l'œillet, *H. variata* et *H. floralis*, le navet, *H. brassicae*, le chou.

Les effets

Les larves entrent dans les semences, en particulier dans celles qui végètent à cause de la température fraîche ou de conditions peu favorables. Elles s'attaquent au collet des jeunes pousses en mangeant les premières feuilles et en dévorant les cotylédons des haricots, par exemple.

Les autres plantes qui peuvent être victimes de ces larves sont les Brassicacées (navets, choux...), les chicorées, les épinards, les laitues, le maïs doux, les oignons, les poireaux ainsi que certaines plantes florales (les œillets).

Je conseille

*« Lorsque vous préparez votre **terrain** avant de faire vos semis, évitez les apports de fumier frais et non décomposé. »*

En prévention

■ Quelques semaines avant d'effectuer les semis, sur **terrain** labouré, pulvérisez un mélange composé de purin de feuilles et gourmands de tomate, de purin d'absinthe et de décoction de tanaisie.

■ Ameublissez plusieurs fois votre terre à l'aide d'une griffe, ce qui délogera les larves.

■ Ne semez pas trop tôt : attendez que le sol soit suffisamment réchauffé. Mettez votre doigt dans la terre ; si vous ressentez une impression de chaleur, c'est le bon moment. La levée des graines doit se faire le plus rapidement possible, ainsi les plantes auront plus de force et de vigueur pour lutter contre les attaques parasitaires.

Les moyens de lutte

■ Traitez les insectes adultes dès leur apparition, en avril-mai, au pyrèthre et à la roténone.

■ Arrachez et brûlez les pieds trop atteints.

Les chicorées peuvent être victimes de la larve de la mouche des semis.

LA PIÉRIDE DU CHOU ET LES NOCTUELLES

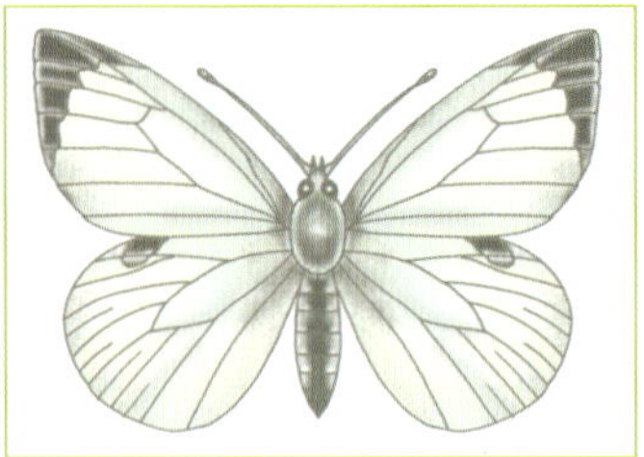

À la belle saison, nombreux sont les papillons dans les jardins. Ils sont jolis et indispensables dans la pollinisation croisée des plantes. Mais leurs larves sont des chenilles qui dévorent les feuilles et les fleurs. Elles s'éliminent cependant assez facilement.

Les caractéristiques

■ La piéride du chou, *Pieris brassicae*, est un papillon crépusculaire de la famille des Piéridés, de 6 cm d'envergure environ, aux ailes blanches tachetées de noir. Sa chenille est gris-vert avec 3 lignes longitudinales jaunes parsemées de points noirs.

Il existe d'autres espèces aux cibles différentes : *Pieris rapae*, les choux, les navets, *P. napi*, les navets, *Leuconea crataegi*, les arbres fruitiers, *Anthocharis belia*, les Crucifères.

■ Les noctuelles sont des lépidoptères nocturnes de la famille des Noctuidés, au corps velu, de couleur généralement sombre, faisant jusqu'à 4 cm d'envergure. Leurs chenilles sont de couleurs variées (vertes, grises, lilas, etc...).

Il existe de très nombreuses espèces : la noctuelle des moissons ou « ver gris », *Agrotis vegetum*, dont la chenille est grisâtre avec 2 bandes longitudinales jaunes, longue d'environ 5 cm, et très nuisible, ainsi que de multiples autres, *Agrotis*, *Asteris*, *Chariclea*, *Cucuilia*, *Diloba*, *Gortyna*, *Hydraecia*, *Leucania*, *Luceria*, *Mamestra*, *Plusia*, *Polia*, *Trachea*, *Triphaema*.

Les effets

Les plantes attaquées sont très nombreuses.

■ Les potagères : l'artichaut, l'asperge, la betterave, la carotte, les choux, l'épinard, les fèves, les haricots, la

Les larves des papillons (chenilles) n'attaquent pas seulement les plantes potagères mais aussi les fleurs et les arbres et arbustes fruitiers comme le groseillier.

laitue, le maïs doux, les navets, l'oseille, le pissenlit, les pois, la pomme de terre, la rhubarbe, le salsifis, la tomate…

■ Les fleurs : le chrysanthème, l'œillet, le pied-d'alouette, la reine-marguerite, la verge d'or…

■ Certains arbres, le cerisier, le pommier… et arbustes, le groseillier, le rosier… peuvent être touchés également.

Selon les espèces, les chenilles dévorent les feuilles, rongent le collet, creusent des galeries.

En prévention

■ Cultivez des plantes aromatiques dans divers endroits du jardin pour éloigner la piéride du chou (absinthe, menthes, romarin, sauges, tanaisie, thyms…).

■ Posez des pièges à insectes qui peuvent capturer les papillons nocturnes en les engluant.

Les moyens de lutte

■ Traitez au pyrèthre et à la roténone dilués à 1 ou 2 %, ou bien avec des solutions de macération de genêt à balais, de feuilles et gourmands de tomate, ou encore de feuilles de noyer.

■ À la rosée du matin, saupoudrez les plantes attaquées de suie.

Je conseille

« Plantez parmi vos cultures des branches de genêt à balais qui éloigneront les noctuelles et posez sur chaque chou une feuille de fougère car les papillons se posent rarement dessus. »

LE PSYLLE DE LA CAROTTE

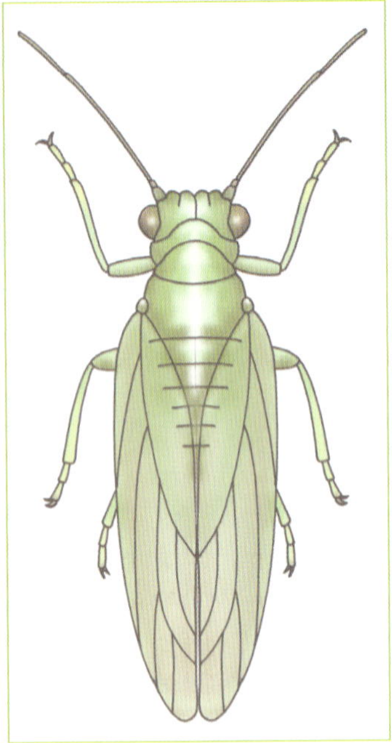

À la fin du printemps et au début de l'été, les femelles de ce parasite pondent sur les feuilles, puis de petites larves se développent et attaquent les feuilles.

Les caractéristiques

Le psylle de la carotte, *Trioza viridula*, est un petit homoptère de la famille des Psyllidés, intermédiaire entre le puceron et la cicadelle, long de 2 à 3 mm, d'un vert clair ; ses pattes lui permettent de sauter. Ses larves sont plates et verdâtres.

Il y a plusieurs espèces dont *Aphalara exilis* qui parasite l'oseille, *Homotama ficus*, le figuier, *Psylla mali*, le pommier, *P. pyri*, le poirier, *P. rubra* et *P. oleae*, l'olivier.

Les effets

Les larves sucent la sève des feuilles qui se recroquevillent, se dessèchent et finissent parfois par mourir.

Les larves du psylle de l'olivier dévorent les fleurs.

En prévention

- Un sol bien nourri et équilibré ainsi que de longues rotations suffisent souvent à éviter ce parasite.
- Autour de vos arbres fruitiers, semez du trèfle blanc nain qui favorise la présence de coccinelles très friandes de psylles.

Les moyens de lutte

- Traitez dès le début de l'attaque, en juin-juillet, au pyrèthre et à la roténone.
- Pulvérisez une préparation à base de nicotine, sans oublier d'asperger d'eau claire le lendemain.

LES PUCERONS

Du printemps à la fin de l'été, selon les conditions climatiques et le degré de déséquilibre du sol, différents genres de pucerons se développent dans les jardins, les potagers et les vergers. On peut néanmoins les combattre assez facilement.

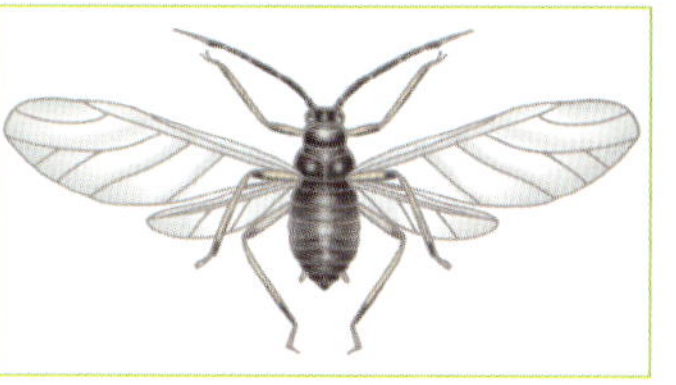

NOM LATIN DU PUCERON	PLANTE ATTAQUÉE	PARTIE ATTAQUÉE
Aphis brassicae	chou	feuilles, bourgeons
Aphis fabae	fève	feuilles, bourgeons
Aphis forbesi	fraisier	feuilles, bourgeons
Aphis lactucae	laitue	feuilles, bourgeons
Aphis pyri	poirier	feuilles, bourgeons
Aphis terricola	carotte	feuilles, bourgeons
Myzus cerasi	cerisier	feuilles, bourgeons
Myzus mali	pommier	feuilles, bourgeons
Myzus persicae	poirier, pomme de terre	feuilles, bourgeons
Myzus pirarius	poirier	feuilles, bourgeons
Myzus ribis	cassis	feuilles, bourgeons
Macrosiphum avellanae	noisetier	feuilles, bourgeons
Macrosiphum rosea	rosier, scabieuse	feuilles, bourgeons
Rhopalosiphum acrosiphum rosae ribis	groseillier	feuilles, bourgeons
Pemphigus bursarius	laitue	racines
Pemphigus filaginis	Composées	racines
Pemphigus populi	graminées	racines
Pemphigus protospirae	graminées	racines
Phorodono pruni	prunier	feuilles, bourgeons
Schizoneura lanigera	cognassiers, pommiers	bois tendre
Schizoneura lanuginosa	poirier	feuilles, bourgeons
Schizoneura ulmi	groseillier	feuilles, bourgeons
Sipha maydis	maïs	feuilles, bourgeons
Trama troglodytes	chicorée, laitue	feuilles, bourgeons
Trama radicis	artichaut, laitue	feuilles, bourgeons
Tychea phaseoli	haricot	feuilles, bourgeons

Les caractéristiques

Les pucerons sont des homoptères de la famille des Aphididés. Il en existe une multitude de différents genres et espèces.

Les effets

Ces insectes se rencontrent sur presque tous les végétaux, plantes potagères, fleurs, arbustes et arbres fruitiers. Certains végétaux peuvent même être attaqués par différentes sortes de pucerons. Les cultures les plus attaquées sont les fèves, les haricots et les choux **porte-graines**.

Porte-graine : plante sélectionnée pour fournir les graines des semences.

Les pucerons sucent la sève des feuilles et des bourgeons ; ils l'aspirent en dégageant une salive assez nocive pour les végétaux attaqués.

En prévention

- Évitez les arrêts végétatifs des plantes, par manque d'eau, par exemple, car elles deviennent fragiles.
- Évitez également l'abus des engrais azotés.
- Pensez aux rotations, à la fertilisation...
- Placez des filets anti-insectes sur vos cultures et luttez contre les **fourmis** qui entretiennent les pucerons.
- Placez autour de vos arbres et arbustes une **ceinture répulsive**.

mémo

Les **fourmis** ne sont pas réellement nuisibles, mais elles favorisent la prolifération des pucerons car elles se nourrissent de leur miellat sucré.

Les moyens de lutte

- Voici les solutions qui fonctionnent : le pyrèthre et la roténone, le purin d'ortie, de lavande, de sureau, de rue officinale, de feuilles et gourmands de tomate additionné d'alcool à brûler, d'absinthe, de feuilles de noyer, ainsi qu'une décoction de tanaisie ou une solution à base de nicotine mélangée avec du savon noir.
- Contre le puceron lanigère, *Schizoneura lanigera*, en particulier, et même tous les pucerons, essayez le purin de fougère qui est très efficace (en vente en jardinerie).
- Contre les pucerons des racines, dégagez bien le collet des plantes atteintes et pulvérisez les solutions préconisées dont l'insecticide végétal.

Je conseille

*« La **ceinture répulsive**, que vous trouverez chez les bons spécialistes du jardin et des parasites, protégera vos arbres contre les fourmis qui entraînent avec elles les pucerons, mais aussi contre tous les insectes grimpants. »*

LA PUNAISE POTAGÈRE

★

Au printemps et au début de l'été, cet insecte ainsi que ses larves peuvent commettre des dégâts sur les feuilles des plantes en les piquant pour en sucer la sève.

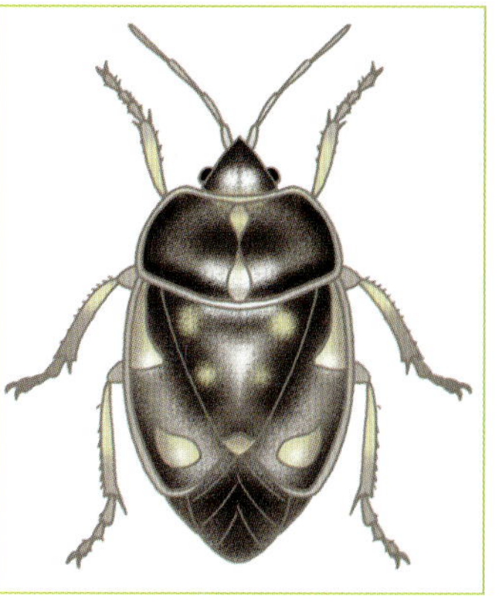

Les caractéristiques

La punaise potagère, *Eurydema oleraceum*, est un hétéroptère de la famille des Capsidés, d'environ 0,5 cm de long. Elle est noire avec des reflets bleu-vert, et présente des taches de différentes couleurs (blanches, crème ou rouges). Il existe aussi *Eurydema ornata*, de 1 cm de long, bariolée de jaune, de rouge et de noir.

Les femelles pondent des œufs grisâtres sous les feuilles ; les larves se développent et se nourrissent de substances végétales comme les adultes.

D'autres espèces de punaises attaquent différents végétaux : *Lygus pabulinus*, la pomme de terre, *Halticus saltator*, la courge, *Orthocephalus coriaceus*, l'oseille, *Calocoris norvegicus*, *C. bidavatus*, *C. fulvomaculatus*, les arbres fruitiers...

Les effets

Les cibles de ce parasite sont les Crucifères (choux, navets, radis...) et parfois les betteraves : les jeunes feuilles se tachent, se flétrissent et leur croissance est retardée.

Parmi les **arbres fruitiers**, ce sont le pommier et le poirier qui sont principalement attaqués : leurs fruits piqués sont endommagés.

mémo

La façon de nourrir les **arbres fruitiers** a également son importance dans la lutte contre les parasites : le compost et les engrais naturels doivent être apportés à l'aplomb des branches.

En prévention

- Effectuez de longues rotations.
- Posez des filets anti-insectes.

Les moyens de lutte

Traitez avec de la roténone, une décoction à base de nicotine, une macération de tabac ou du savon noir (250 g pour 10 litres d'eau).

★★★

LA PYRALE DU MAÏS

Aisselle : point de jonction entre le pétiole d'une feuille et la tige.

mémo

La pyrale du **haricot** est un risque surtout dans les régions du sud-ouest, mais elle est très rare dans les jardins correctement amendés, fertilisés et ayant de longues rotations.

En juin-juillet, les femelles de ce papillon pondent leurs œufs à l'**aisselle** des feuilles. L'insecte commet des dégâts, mais c'est surtout sa chenille qui est nuisible pour la plante.

Les caractéristiques

La pyrale du maïs, *Pyrausta nubilalis*, est un lépidoptère de la famille des Pyralidés, papillon crépusculaire de 2 à 3 cm d'envergure, muni d'ailes jaunes à beige-ocre avec des bandes plus brunâtres à l'extrémité. Les femelles sont généralement plus claires.

Sa chenille grisâtre, d'environ 2 cm de long, est dangereuse pour les plantations.

La chenille de *Etiella zinchenella* attaque le **haricot** en dévorant les grains à l'intérieur des gousses.

Les effets

Les plantes attaquées sont surtout les maïs doux et éclatés : le papillon attaque les épis et les graines et les chenilles creusent des galeries à l'intérieur des tiges après avoir traversé le bourgeon du sommet.

Le soja et le tournesol peuvent aussi être atteints. Les chenilles sont parfois très nombreuses dans une tige ; la plante est alors très fragilisée et peut mourir.

En prévention

Si vos plants de maïs ont déjà été victimes de cet insecte, ne conservez pas les souches en terre après la récolte, car les larves hibernent autour du collet et deviendront insectes au début du printemps suivant, si les conditions climatiques le permettent.

Les moyens de lutte

- Arrachez et brûlez les pieds atteints.
- Pulvérisez du purin de genêt à balais.

Il est conseillé de cultiver le maïs en carrés, ce qui favorise la pollinisation par le vent et facilite la lutte contre la pyrale.

LE SITONE DU POIS

L'activité de cet insecte est plus virulente en période chaude, principalement vers la fin du printemps. Il s'attaque aux feuilles des Crucifères ou Fabacées. Il peut être facilement éliminé.

Les caractéristiques

Le sitone du pois, *Sitona lineatus*, est une sorte de charançon coléoptère de la famille des Curculionidés. L'insecte, long de 4 à 5 mm, a des élytres pourvues de bandes ininterrompues longitudinales, de couleur grise à brun-verdâtre.

Il existe d'autres espèces très proches : *Sitona sulcifrons* est l'ennemi des trèfles, *S. tibialis*, des genêts à balais, *S. flavescens*, du lotier...

Les larves du sitone vivent sous terre et se nourrissent des racines des Crucifères mais sans créer toutefois trop de dégâts.

Les effets

En mai-juin ces insectes s'attaquent surtout aux jeunes plants de fèves et de pois en dévorant le bord du limbe des feuilles, pratiquant de petites incisions en demi-cercle.

Les plantes victimes de ces coléoptères ont une croissance plus lente.

En prévention

- Évitez d'effectuer des semis trop tardifs.
- Procédez à des fertilisations foliaires régulières avec du lithothamne ou du basalte.

Les moyens de lutte

- À la rosée du matin ou du soir, saupoudrez de la cendre de bois sur la végétation humide.
- En cas d'attaque plus importante, traitez au pyrèthre et à la roténone.

LE TAUPIN DES MOISSONS

★★★

C'est la larve de cet insecte, appelée « fil de fer », qui est nuisible. Elle prolifère surtout dans les terres humides, du milieu du printemps jusqu'à l'été, et attaque les racines des végétaux.

Les caractéristiques

Le taupin des moissons, *Agriotes lineatus*, est un coléoptère de la famille des Élatéridés, de couleur jaune à brunâtre, aux ailes rayées plus foncées, mesurant jusqu'à 1 cm. Ses œufs pondus dans le sol sont sensibles à la sécheresse.

Sa larve mesure près de 2 cm ; elle est très étroite, de couleur jaune-orangé brillant, avec une tête brunâtre et une peau à l'aspect écailleux.

Les effets

La larve du taupin creuse des galeries dans les pommes de terre et les racines des carottes, coupe les racines des tomates, des fraisiers, le collet des fraisiers et des betteraves et le bas des tiges du maïs doux. Choux, laitues et navets peuvent aussi être attaqués.

En prévention

Faites des apports d'engrais verts : moutarde blanche (*Sinapis alba*), semée d'avril à octobre et enfouie avant les gelées et la floraison (200 g à l'are) ; ou bien sarrasin (*Fagopyrum esculentum*), semé de mars à juillet et enfoui 3 à 4 mois après le semis (600 g à l'are). Les larves du taupin détestent ces deux cultures.

Les moyens de lutte

Binez régulièrement votre sol pour éliminer les œufs et empêcher la multiplication des larves.

Je conseille

« Construisez des pièges à l'aide de boîtes de conserve vides : percez-les de plusieurs trous de quelques millimètres, remplissez-les d'épluchures de pommes de terre et enterrez-les au ras du sol. Les larves viennent s'y réfugier. Videz-les régulièrement, éliminez les larves et renouvelez l'opération si nécessaire. »

LA TEIGNE DU POIREAU

Du printemps à la fin de l'été, la larve de la teigne ou ver du poireau est à craindre, surtout en sol déséquilibré. Ce parasite s'élimine facilement.

Les caractéristiques

La teigne du poireau, *Acrolepia assectella*, est un lépidoptère de la famille des Tinéidés. Ce petit papillon nocturne est brunâtre avec des taches blanches triangulaires.

Il y a deux périodes de ponte : de la mi-mai au début juin et de la mi-juillet à la fin août. La teigne, attirée par l'odeur du poireau, pond ses œufs sur ses feuilles.

Sa larve est blanchâtre et mesure environ 0,5 cm de long. Elle creuse des galeries en descendant jusqu'au cœur du poireau.

Je conseille
« Maintenez la fraîcheur du sol avec un bon paillage (paille, tonte de gazon, compost...) car la teigne prolifère en période de sécheresse. »

Les effets

Les plantes attaquées sont les Alliacées, surtout les poireaux, parfois l'ail, l'oignon et l'échalote.

Les feuilles des poireaux attaqués laissent apparaître des taches décolorées.

Lorsque ces plantes sont atteintes, elles finissent par pourrir.

En prévention

- Cultivez les poireaux en association avec la carotte. Leurs odeurs mêlées repoussent leurs principaux ennemis (teigne du poireau et mouche de la carotte).
- Avant le repiquage, arrachez les poireaux et laissez-les sur le sol en plein soleil pendant 48 h, puis **habillez**-les et enrobez-les d'une bouillie de lithothamne (100 g par litre d'eau).
- Couvrez vos poireaux avec un filet anti-insectes.

Habiller un poireau : couper l'extrémité de ses racines et de ses feuilles avant de le replanter.

Les moyens de lutte

■ Coupez les tiges des poireaux attaqués en dessous de la galerie creusée par le parasite, qui forme un petit orifice, et brûlez-les. Les poireaux repoussent très rapidement, même coupés au ras du sol.

■ En période de ponte de ce parasite, pulvérisez 1 ou 2 fois par semaine du pyrèthre et de la roténone ou bien changez l'odeur du poireau avec des « préparations maison », purins d'absinthe, de rhubarbe ou de feuilles et gourmands de tomate.

Pour empêcher la prolifération des larves de la teigne, arrachez les poireaux et laissez-les sécher au soleil pendant 2 ou 3 jours.

★★

LA TENTHRÈDE

DU GROSEILLIER À MAQUEREAU

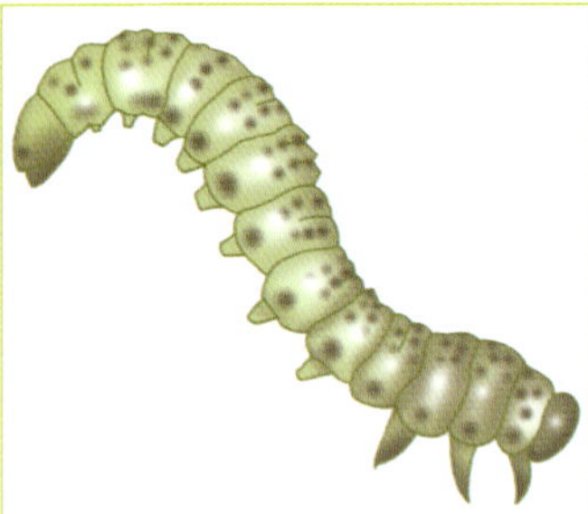

De mai à la mi-septembre, les femelles de la tenthrède pondent leurs œufs le long des nervures, sous les feuilles. Les larves, une fois écloses, s'alimentent des parties charnues des feuilles.

Les caractéristiques

La tenthrède du groseillier à maquereau, *Pteronus ribesti*, est un hyménoptère de la famille des Tenthrédinidés. C'est une sorte de guêpe, de couleur noire pour la femelle et jaune pour le mâle, qui mesure 6 à 7 mm de long.

Les larves sont vertes, couvertes de points noirs munis de poils ; environ 3 semaines après leur éclosion, elles s'enfoncent dans le sol pour se métamorphoser et en ressortent adultes 15 jours plus tard.

Les effets

Les larves dévorent les feuilles et n'en laissent que les nervures et l'enveloppe du dessous. Celles-ci jaunissent et finissent par tomber. Certains végétaux attaqués meurent.

Les plantes attaquées sont le cassissier, le cerisier, les choux, le fraisier, le groseillier à grappes, le groseillier à maquereau, les navets, le poirier, le pêcher, le prunier, les iris.

En prévention

Si vos plantes ont déjà été envahies auparavant, protégez-les par un filet anti-insectes.

Les moyens de lutte

- Traitez avec la roténone seule ou associée au pyrèthre.
- Traitez tôt le matin avec une solution à base de nicotine, additionnée de 200 g de savon noir pour 10 litres d'eau, puis pulvérisez à l'eau claire, le soir même ou le lendemain matin.

LES TÉTRANYQUES

★

C'est surtout pendant les étés chauds et les périodes sèches que les tétranyques font des ravages. Elles vivent en colonies et attaquent les légumes, les plantes florales, les arbustes ainsi que les arbres fruitiers. Les traitements s'avèrent assez efficaces.

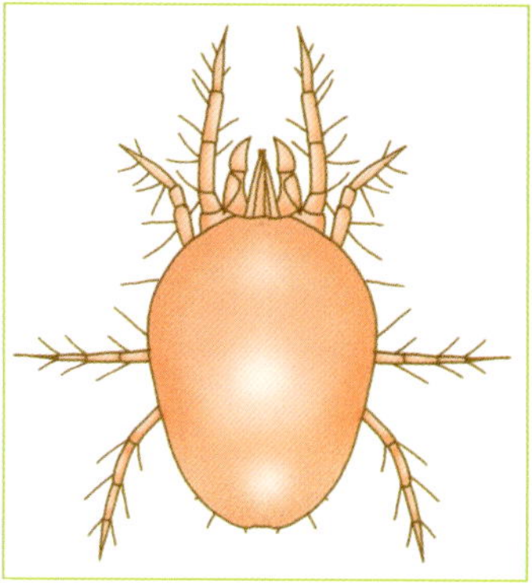

Les caractéristiques

Les tétranyques sont des acariens de la famille des Trombididés. *Metatetranychus ulmi* est l'araignée rouge et *Tetranychus telarius* est la tétranyque tisserand.

Elles mesurent 0,5 mm de long, sont rouges ou jaunes et non visibles à l'œil nu.

Les effets

Ces parasites se développent surtout dans les terrains pauvres en humus et riches en engrais azotés.

Les végétaux pouvant être attaqués par ces insectes sont nombreux et variés : l'aubergine, la carotte, la courge, le concombre, le fraisier, le groseillier, le haricot, les pois ; les conifères, le pêcher, le poirier, le pommier, le prunier ; les plantes à massifs dont les cinéraires, les dahlias et le gloxinia ; les plantes d'intérieur et également les plantes cultivées en serre.

Les acariens sucent la sève des plantes, les feuilles se couvrent de taches, jaunissent, se dessèchent et les végétaux atteints peuvent mourir.

En prévention

- Maintenez votre sol frais ; paillez-le si possible, avec de la paille, du compost ou de la tonte de gazon.
- N'abusez pas des engrais azotés, qui favorisent la croissance des plantes mais les rendent plus fragiles, donc vulnérables face aux acariens.
- Aérez le plus souvent possible les serres.

mémo

Les araignées sont les grandes ennemies des tétranyques qu'elles dévorent.

Les moyens de lutte

■ Traitez avec du pyrèthre et de la roténone enrichies de 1 % de savon noir et de 2 litres de purin d'ortie pour 10 litres d'eau de pluie. Les traitements à base de nicotine, en décoction ou en macération, ainsi que le purin d'absinthe sont assez efficaces aussi.

Dans tous les cas, lors du traitement, essayez d'atteindre surtout le dessous des feuilles.

■ Bassinez souvent les végétaux, surtout en dessous des feuilles ; cela fait fuir les tétranyques.

Si les engrais azotés favorisent la croissance des légumes, ils sont à utiliser avec modération car ils fragilisent les plantes et les rendent plus vulnérables.

LE THRIPS DE L'OIGNON

Les périodes chaudes et sèches favorisent ce parasite. L'insecte et sa larve vivent sous les feuilles et, par leurs nombreuses piqûres, sucent la sève des végétaux qui peuvent périr s'ils sont trop atteints. Il s'élimine assez facilement.

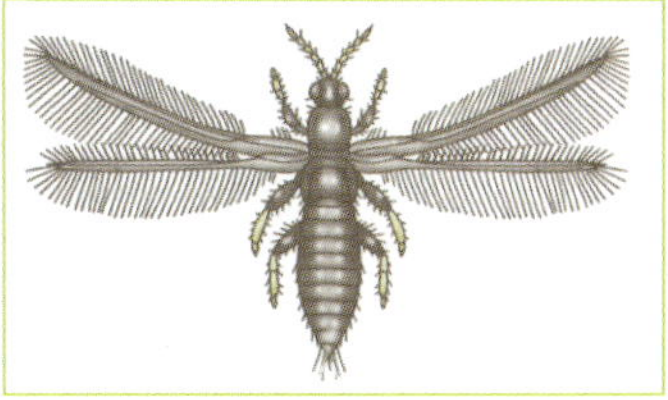

Les caractéristiques

Le thrips de l'oignon, *Thrips tabaci*, est un thysanoptère de la famille des Thripidés. Cet insecte volant, long de 1 à 2 mm, a des ailes longues et étroites, peu visibles, de couleur brun foncé à jaunâtre.

Sa larve blanchâtre fait environ 1 mm de long.

Il existe plusieurs espèces : *Kakothrips robustus*, le thrips du pois, *Heliothrips haemorrhoidalis*, qui sévit en intérieur et dans les serres et qui est le plus nuisible.

Les effets

Les feuilles piquées et dont la sève est sucée se marquent, sur le dessous, de taches blanchâtres argentées ou brunâtres. Elles jaunissent, se dessèchent et meurent.

Les gousses des pois sont déformées et ne se développent plus.

Les principaux végétaux attaqués sont le concombre, la courge, le melon, l'oignon, le poireau, les pois et la tomate pour les plantes légumières ; l'azalée, le bégonia, le caoutchouc, les chrysanthèmes, le dracéna, le glaïeul, les œillets, l'orchidée et les rosiers pour les plantes florales ou vertes.

Les feuilles piquées par le thrips de l'oignon jaunissent.

En prévention

- Effectuez de longues et judicieuses rotations.
- En période de sécheresse, maintenez le sol humide.
- Aérez les serres.

Les moyens de lutte

- Dès l'apparition des piqûres, traitez au pyrèthre et à la roténone en cherchant à atteindre le dessous des feuilles ; vous pouvez aussi utiliser une décoction ou une macération à base de nicotine, ou encore une macération de sureau.
- Éliminez et brûlez les plantes trop attaquées.

Le thrips de l'oignon n'attaque pas que les plantes potagères, mais aussi de nombreuses plantes florales comme l'azalée.

LA TIPULE POTAGÈRE

★

C'est surtout du milieu du printemps au début du mois d'août que les larves font des dégâts dans les plantes légumières et parfois dans les plantes décoratives. Les femelles pondent des centaines d'œufs au collet des plantes. Ce parasite s'élimine assez facilement.

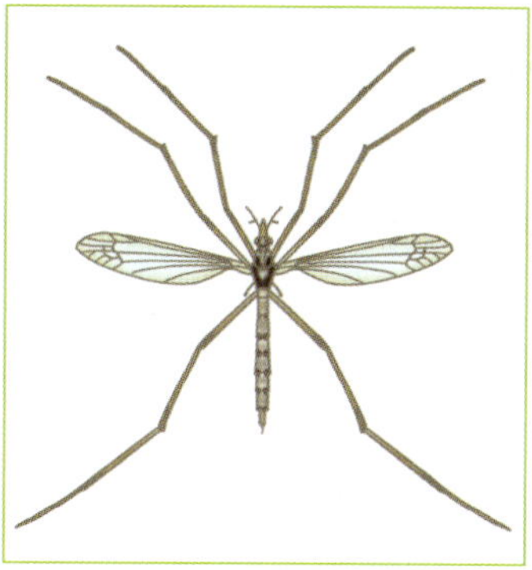

Les caractéristiques

La tipule potagère, *Tipula oleracea*, est un diptère de la famille des Tipulidés. Cette sorte de grand moustique très allongé atteint 2,5 cm de long. Il est gris avec de longues ailes et de grandes pattes.

Sa larve, également grise, longue de 3 à 4 cm, dépourvue de pattes, vit dans les couches supérieures du sol et ressort la nuit pour s'alimenter. Il est difficile de l'écraser.

Il existe d'autres espèces : *Tipula vernalis* et *T. hortulana*. Les tipules apprécient surtout les sols humides.

Les effets

Les tipules dévorent les jeunes plants aux feuilles tendres, le collet des végétaux et parfois les racines dans lesquelles elles creusent des galeries.

Leurs principales victimes sont la betterave, la chicorée, le chou, la laitue, le maïs doux, la pomme de terre. Chez les plantes florales, le dahlia y est sensible.

En prévention

- Procédez à des binages profonds et réguliers afin de déloger les larves qui vivent dans les couches superficielles du sol.
- Faites des apports d'engrais vert à base de moutarde blanche, semée d'avril à octobre (150 à 200 g à l'are).
- Ne laissez pas les **herbes sauvages** envahir votre jardin ; désherbez régulièrement.

mémo

Les attaques sont plus fréquentes dans les jardins mal entretenus car les **herbes sauvages** sont très appréciées des femelles qui pondent dessus.

Le semis de moutarde blanche est un excellent geste pour lutter préventivement contre les dégâts causés par les larves de la tipule potagère.

Les moyens de lutte

- Traitez au pyrèthre et à la roténone ou avec du purin de feuilles et gourmands de tomate.
- Arrachez et brûlez les pieds atteints.

LA TORDEUSE DU POIS

★★

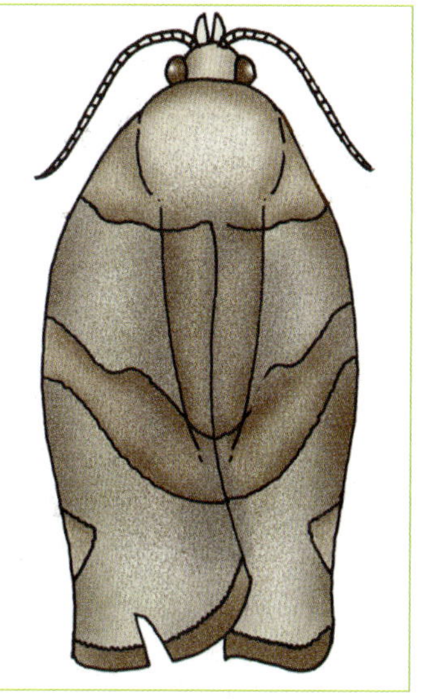

Les périodes chaudes et sèches favorisent l'invasion de ces chenilles. Le papillon apparaît de fin mai à août. Les femelles pondent sous les feuilles et sur les gousses de fin mai à début juillet. Il est plus difficile de traiter les arbres que les plantes potagères.

Les caractéristiques

La tordeuse du pois, *Laspeyresia nigricana*, est un petit lépidoptère de la famille des Tortricidés. Son envergure est de 1,5 cm environ, ses ailes avant sont d'un brun verdâtre avec des petites plaques jaunes, ses ailes arrière, grisâtres.

Sa chenille jaune à verdâtre mesure un peu plus de 1 cm de long.

Il y a 2 générations par an.

Il existe plusieurs autres espèces qui contaminent différents végétaux : *Laspeyresia pomonella* et *Spilonota ocellana*, le pommier, *Grapholita molesta*, le pêcher, *Laspeyresia funebrana*, le prunier, *Olethreutes ochroleucana* et *Tortrix xylosteana*, les rosiers, *Cacaecia pronubana*, les œillets, *Conchylis ambiguella*, la vigne.

Les effets

Les chenilles pénètrent dans les gousses, rongent les graines et laissent des traces de leurs excréments ; puis elles perforent ces gousses pour en ressortir et s'enfoncent dans le sol pour y passer l'hiver avant de se métamorphoser au printemps suivant.

Dans le cas des arbres fruitiers (cognassier, pêcher, poirier, pommier, prunier), ce sont les bourgeons, les boutons floraux et les jeunes feuilles qui sont attaqués.

Le haricot, la vigne, les rosiers, les groseilliers et certaines plantes florales peuvent aussi en être victimes.

mémo
Ce sont principalement les variétés tardives des **pois** qui sont touchées.

En prévention

■ Effectuez de longues rotations.

■ Si vous craignez l'attaque de cet insecte sur une planche de **pois**, protégez-la à l'aide d'un filet anti-insectes car cette Fabacée s'autopollinise.

Les moyens de lutte

■ Traitez au pyrèthre et à la roténone vers la fin de la floraison des pois et renouvelez l'opération si nécessaire.

■ Sur les arbres fruitiers, coupez les pousses envahies et brûlez-les ; traitez à l'insecticide végétal (pyrèthre-roténone) dès le début de l'invasion.

Dans un arbre fruitier, ce sont les bourgeons, les boutons floraux et les jeunes feuilles qui attirent particulièrement les chenilles de la tordeuse du pois.

CARNET D'ADRESSES

Vous trouverez les produits bio pour le jardin chez les fournisseurs spécialisés cités ci-dessous, qui pratiquent la vente par correspondance. Certains produits sont également disponibles dans les jardineries.

- **Baumaux**
  B.P. 100, 54062 Nancy Cedex
  www.graines-baumaux.fr
  (gamme Bio dont insecticide végétal et produits naturels, fleurs de ricin).

- **La Ferme de Sainte Marthe**
  B.P. 70 404, 49004 Angers
  www.fermedesaintemarthe.com
  (Amendements, engrais, insecticides naturels, pièges, purin d'ortie...).

- **Profertyl**
  1, avenue de Dubna, 14200 Hérouville Saint-Clair Cedex
  www.profertyl.fr
  (compost, engrais, insecticides naturels, purin d'ortie et de fougère, pièges et colliers répulsifs, lithothamne...).

- **Magellan - S.A.**
  Zone artisanale, 24290 La Chapelle Aubareil
  (amendements, engrais, insecticides naturels, lithothamne, pièges, filets anti-insectes...).

- **S.C. Natura A B D**
  2, rue d'Hanoï, 58000 Nevers
  (amendements, insecticides naturels).

- **Solidor**
  12, rue Gustave Eiffel, Z.I. de Kerandré, 56700 Hennebont
  (spécialités fertilisantes pour pulvérisations foliaires, amendements et fertilisants.

- **A. Ducrettet**
  14, rue René Cassin, Z.I. de la Châtelaine, 74240 Gaillard
  www.ducrettet.com
  (ricin (*Ricinus communis*), variétés : carmen rouge, sanguin, carmen rose, New Zealand, de Zanzibar).

INDEX

Dans la collection la Vie en vert

1. 12 mois au jardin **2.** Cultiver les petits fruits **3.** 30 fleurs pour le balcon
4. Des roses pour le jardin **5.** 30 massifs à créer **6.** Semer, greffer, bouturer...
7. Les champignons des bois **8.** Les champignons des prés **9.** Les plantes de la maison
10. Choisir et planter un arbre **11.** Créer un petit potager **12.** Réussir un jardin de ville
13. Arbres et arbustes du soleil **14.** Les couleurs au jardin **15.** Une ruche au jardin
16. Élever des lapins **17.** Une vigne au jardin **18.** Les bulbes à fleurs
19. Parasites : les traitements bio **20.** Les astuces du jardinier
21. La cuisine des Savoyards **22.** Jardiner « bio » **23.** Pelouses et couvre-sol
24. Des arbres pour le balcon **25.** La cuisine des Bretons **26.** La cuisine des Provençaux
27. Élever des poules **28.** Les plantes de véranda **29.** Bien tailler ses arbres fruitiers
30. Les aromatiques en pot **31.** Bien tailler ses arbustes à fleurs
32. Créer un petit verger **33.** Bien soigner ses plantes d'intérieur
34. Les bonnes associations au potager **35.** Arroser sans gaspiller
36. L'éclairage du jardin **37.** Découvrir les orchidées **38.** Les oiseaux du jardin
39. Les petites charcuteries **40.** Les pains maison **41.** 12 mois au potager
42. Créer un petit bassin **43.** Jardin bio : vrai ou faux ? **44.** Les papillons du jardin
45. Conserves et chutneys maison **46.** Les bonnes recettes aux champignons
47. Cocottes et mijotés **48.** 12 mois de fleurs au jardin
49. Comment faire son compost et ses engrais

Crédits photographiques

V. Klecka/Rustica : pp. 6, 35 ; F. Marre/Rustica : pp. 8-9, 26, 39, 46, 63, second rabat de jaquette ;
A. Petzold/Rustica : pp. 15, 51, 67, 70, 71, 74 ; J. Delpech/Colibri : p. 16 ;
Y. Monel/MAP : p. 17 ; D. Bernardin/Colibri : p . 18 ; J.L. Paumard/Colibri : p. 19 ;
E. Janini/Colibri : p. 20 ; A. Saunier/Colibri : p. 20 ; D. Alet/Colibri : p. 20 ;
P. Glemas/Horizon : p. 21 ; D. Heuclin/Bios : p. 23 ; F. et J.L. Ziegler/Colibri : p. 25 ;
C. Hochet/Rustica : pp. 27, 33 ; H. Willem/Colibri : p. 28 ; Ph. Asseray/Rustica : pp. 31, 37, 55 ;
F. Boucourt/Rustica : pp. 44, 57, 76 ; Sanchez/Rustica : p. 49 ; Rustica : p. 72.

Illustrations : I. Arslanian
Photo de couverture : Jérôme Da Cunha/Sélection Images

Avec la collaboration de A. Fitamant Peter
Relecture et correction : H. Fitamant

Conception graphique : Laurent Quellet et Sebastian Mendoza/Rustica
Réalisation : Sebastian Mendoza/Rustica

Photogravure : Altavia Lille

Achevé d'imprimer en juillet 2014 par Macrolibros (Espagne)
(F14070-03)